Dieses Buch ist für alle Leser, die ihr Potenzial entfalten wollen und bereit sind über sich hinauszuwachsen.

Gereon Jörn

Gereon Jörn

Ein Weg zu dir selbst

Befreie deine innnere Stärke!

Wissensbringer Verlag
Markt 17
18273 Güstrow

www.wissensbringer.de
verlag@wissensbringer.de

Umschlaggestaltung: Wissensbringer Verlag
gedruckt in der EU
Lektorat: Sonja Hafkemeyer textexpert.eu

ISBN: 978-3-946765-05-9

Inhaltsverzeichnis

Vorwort

Hallo Liebe/r Leser/in,

ich möchte mich als Erstes bei Ihnen für das Lesen dieses Buches bedanken. Wenn Sie bereits ein anderes Werk von mir gelesen haben, werden Sie feststellen, dass dieses Buch etwas völlig anderes ist. Es beschäftigt sich nicht mit der Charakterkunde bzw. Menschenkenntnis. Es geht eben nicht um rot, grün, gelb oder blau.

Dieses Buch beschäftigt sich ausnahmslos mit Ihnen. Es ist für Sie und über Sie geschrieben.

Durch meine Tätigkeit als Speaker und Trainer konnte ich bereits meinen Beitrag dazu leisten, dass Menschen mehr Verständnis füreinander entwickeln und so besser miteinander zurechtkommen. Neben der Menschenkenntnis gibt es natürlich auch noch weitere Themen, die für eine Entfaltung wichtig sind.

Wenn Teilnehmer eine tolle Menschenkenntnis besitzen, doch nicht mit sich selbst zurechtkommen, bringt die beste Charakterkunde nichts. Aus diesem Grundgedanken heraus ist dieses Buch entstanden.

In meinen Seminaren und Vorträgen behandle ich immer wieder die Themen Selbstliebe, Selbstwertgefühl und Selbstvertrauen. Danach werde ich dann häufig gefragt, welche weiterführenden Bücher ich empfehlen kann. Ich kenne Bücher, die in dem einen oder anderen Thema gut sind. Ein gut geschriebenes Gesamtbild über diese Themen habe ich nicht gefunden. So entstand meine Motivation, ein Buch darüber zu schreiben. Mit den folgenden Seiten möchte ich Ihnen ein Geschenk machen. Ich schenke Ihnen sich selbst. Keine Angst! Es wird nicht allzu abgehoben, spirituell oder esoterisch. Sie werden viele Aha-Effekte erleben. Daneben erhalten Sie viele praktische Tipps für Ihren Alltag.

Um das Lesen zu vereinfachen, möchte ich gern zwei Dinge vereinbaren.

1. Ansprache
Ich werde nur in der männlichen Form schreiben. Gleichwohl sind natürlich auch immer Sie als Leserin angesprochen. Es geht mir um die Einfachheit des Lesens.

2. Siezen vs. Duzen
Damit die gelesenen Worte noch ungefilterter von Ihnen aufenommen werden, wechsele ich ab sofort in die

Du-Ansprache. Bitte sei versichert, es ist ein absolut respektvolles Du. Wir haben die Angewohnheit, die Sie-Ansprache einfach mehr zu filtern als die Du-Ansprache. Sie dringt tiefer in das Unterbewusstsein und bleibt länger haften.

Wie du schon merkst, komme ich aus der Speakerbranche. So ist dieses Buch aus der Praxis für deine Praxis. Es sind sehr viele Informationen enthalten. Darüber hinaus findest du immer wieder Übungen in diesem Buch. So ist es für dich sinnvoll, dass du dir gleich einen Stift bereit legst. Du wirst ihn brauchen. Versprochen.

Dann noch eine Anmerkung. Dieses Buch hat nicht die Aufgabe, eine Therapie oder ärztliche Behandlung zu ersetzen. Es ist lebensbegleitend. Wenn du das Gefühl hast, dass du für dich eine andere Unterstützung benötigst, habe den Mut und hole sie dir.

Viel Spaß beim Lesen!

Gereon Jörn
Speaker und Autor

Grundlagen

So funktionieren wir!

Ich möchte dir meine Wahrheit dazu präsentieren, wie wir funktionieren. Es ist mein grundsätzliches Denken über das, was in uns passiert. Wie schon geschrieben, es ist mein Denken und es ist ein Angebot an dich. Du kannst dieses Denken übernehmen oder dir ein komplett anderes Denken zulegen.
Es ist die Grundlage für die folgenden Kapitel. Wenn du an einem oder mehreren der Themen aus dem Buch arbeiten möchtest, ist diese Grundannahme sehr hilfreich. Lass dich einfach für die Lesedauer darauf ein!

Los geht es! Wenn wir auf die Welt kommen, haben wir einige Grundprogramme. Es geht uns als Säugling ums Überleben. Also müssen wir uns irgendwie bemerkbar machen, damit wir beachtet werden. Ansonsten droht der Hungertod. Eine Möglichkeit ist da das Schreien.
Babys schreien nicht nur, weil sie Schmerzen haben, sondern auch, weil sie sich alleine fühlen. So inspizierte ein

Reporterteam ein Kinderheim im Ausland. Dieses war personell unterbesetzt. Verwundert fragten die Reporter, weshalb die Babys nicht schreien. Die Antwort der Mitarbeiterin war, dass die Babys bereits gelernt hätten, dass nichts passiert, wenn sie schreien.
Es ist eine traurige Geschichte. Sie zeigt allerdings klar auf, was mit uns passiert. Wir haben einige Grundprogramme und wenden sie an. Dann sammeln wir daraus unsere Erfahrungen und so entstehen neue Programme in uns.

Wir kommen wie ein leeres Blatt Papier auf die Welt. Wir sind unbeschrieben. Der Charakter ist rein. Von Geburt an sind wir alle Optimisten. Oder hast du schon einmal ein pessimistisches Baby gesehen?
Doch dann folgt die Erziehung und es kommen die Regeln, Gebote und Verbote. Diese Regeln sind von folgenden Faktoren abhängig:

- wo auf der Welt du aufgewachsen bist - in Deutschland gibt es andere Regeln als in Brasilien oder China.
- welche Regeln wichtige Bezugspersonen (z.B. Eltern, Großeltern, Geschwister) wichtig finden – dies wird über die Kinder gestülpt.

Ein Kind möchte in den ersten Lebensjahren alles entdecken. Dies unterstützen die Eltern und wollen dabei gleichzeitig ihr Kind beschützen. Die gut gemeinten, „beschützenden“ Aussagen lauten z.B.

- „Das kannst du nicht.“

- „Dafür bist du zu klein."
- „Das ist zu gefährlich."
- „Das macht man nicht."
- „Guck mal, die Leute gucken schon."
- „Das ist pfui. Das ist bäh."
- „Nein, lass das!"
- „Nicht mit fremden Leuten sprechen oder mitgehen."

In den ersten sechs Lebensjahren hören die Kinder ca. 60.000 Mal, dass sie etwas nicht dürfen oder können. Das geht schon los, bevor sie selbst sprechen lernen. Beobachte mal Eltern! „Neeeeeeeeiiiiiiin" ist eine häufige Aussage. Dabei wird das „Ei" von Nein so lang gezogen, dass dieses Wort ausreicht, damit Kinder etwas nicht tun. Manche Kinder haben bis zum sechsten Lebensjahr so häufig das Wort Nein gehört, dass sie denken, ihr Vorname sei Nein. Doch Spaß beiseite. Wir kommen als leeres Blatt Papier auf die Welt. Unbeschrieben, rein und glatt. Dann kommt das erste Nein. Das ist so, als wenn du eine Ecke vom Blatt umknickst. Jedes „Das kannst du nicht" oder „Dafür bist du zu klein" ist eine weitere umgeknickte Ecke. Dies geht so lange, bis aus dem Blatt Papier ein kleines, zusammengefaltetes Etwas geworden ist. Dann bist du angepasst. Dann heißt es: „Schau mal! Habe ich nicht ein gut erzogenes Kind?"

Dieses Angepasstsein ist natürlich sehr bequem. Es geht alles irgendwie schneller. Doch zu welchem Preis? Kinder bekommen immer weniger Spielraum. Sie können immer weniger entdecken. Für die Kinder, die sich dagegen wehren, haben wir auch schon eine Begrifflichkeit gefunden: ADHS. Das passende Medikament Ritalin oder andere Medikamente gibt es gleich dazu. Wohin sind wir gekommen?

Ein Psychologe sagte mir mal, dass fast alle Probleme seiner Patienten auf deren erste Lebensjahre zurückzu führen seien. Er meinte mit einem spitzen Lächeln:

„Wir brauchen vierzig Jahre,
um über die ersten sechs hinwegzukommen."

Dieses Buch soll dazu beitragen, dass es schneller geht oder bestimmte Dinge mit den Kindern gar nicht erst gemacht werden.
Zurück zum Blatt Papier. Ich möchte mit dir an deinem arbeiten. Ecke für Ecke wieder glatt falten. Dies nennt sich dann Entfaltung – Persönlichkeitsentfaltung.
Wie soll jemand, der im Verkauf aktiv ist, erfolgreich sein, wenn er glaubt, dass „man" keine fremden Menschen ansprechen darf?
Wie soll jemand, der ein Team führt, Ansprachen vor diesem Team halten, wenn er glaubt, dass es nicht in Ordnung ist, wenn alle gucken?

Wenn ich deine wichtigste Bezugsperson bin, du mir uneingeschränkt alles glaubst und ich dir in sechs Jahren 60.000 Mal sage, dass du etwas nicht kannst, dann wirst du mir irgendwann glauben. Einverstanden?!

Diese Wiederholung von Botschaften oder Verhaltensweisen, die Kinder bei ihren Eltern beobachten, werden zum eigenen Glauben.
Damit sind wir bei der ersten Begrifflichkeit: Glaubenssatz.

Dies sind Sätze, die wir häufig genug gehört haben, sodass wir daran glauben.

Hast du schon einmal eine Showhypnose gesehen? Hier bekommen die „Opfer“ einen Glaubenssatz in den Kopf gepflanzt. Sie glauben dann z.B., dass sie wieder ein kleines Kind oder irgendein Tier sind oder sie machen irgendwelche verrückten Dinge. Sie glauben für einen Augenblick daran und automatisch ergibt sich ihr Handeln.

Was Glaubenssätze für uns Menschen sind, ist das Betriebssystem für einen PC.

In den ersten Lebensjahren glauben Kinder ihren Eltern alles. Sarkasmus, Ironie und Lügen gibt es gar nicht. Alles, was die Eltern sagen, ist uneingeschränkt wahr. Nun gibt es immer wieder die gleichen Impulse der Eltern. Daraus formt das Kind seine eigenen Glaubenssätze.

Ein Beispiel: Wenn der kleine vierjährige Tim zur Mama in die Küche läuft, ihr am Herd helfen will, sagt sie: „Tim, dafür bist du zu klein. Geh zu Papa!“ Er läuft zum Vater, welcher gerade unter dem Auto liegt und es repariert. Tim ruft: „Papa Papa, ich will helfen.“ Der Vater antwortet:

„Dafür bist du zu klein, geh lieber spielen!" Der 11-jährige Tim geht während einer Kinderdisko zur 14-jährigen Chantalle und fragt: „Wollen wir tanzen?" Sie antwortet: „Du bist mir zu klein! Geh spielen!"
Mal angenommen, dieser Tim hat in seiner Kindheit immer wieder diese Botschaft erhalten und im 30. Lebensjahr bekommt er die Chance, sich selbstständig zu machen. Welche Gedanken werden wohl durch seinen Kopf fliegen? Genau – „dafür bin ich zu klein".

Dies heißt allerdings nicht, dass nun die Eltern für das eigene Leben dauerhaft verantwortlich gemacht werden können oder sollten. Die Verantwortung liegt bei **dir.**

Wenn wir uns Deutschland und unsere Geschichte anschauen, wird auch schnell deutlich, weshalb es uns so geht, wie es uns geht.
Unsere Großeltern oder Urgroßeltern waren in einen oder gar in beide Weltkriege irgendwie involviert. Sie haben danach gelernt, in Schuld zu leben. Mit diesem „Schuldprogramm" wurden dann Kinder erzogen. Es ist immer noch in den Köpfen. Selbst heutzutage gibt es Menschen, die keinen Fuß auf deutschen Boden setzen wollen. Und wie ist das bei dir? Kannst du mit geschwellter Brust sagen: Ich bin stolz, ein Deutscher zu sein?
Die Auswirkungen sind immer noch in den Köpfen und Herzen. Es gilt, sich davon zu befreien. Es ist wirklich schlimm, was damals passierte und was Millionen von Menschen angetan wurde. Doch ich bin dafür nicht verantwortlich. Ich trage keine Schuld daran. Ich liebe mein

Heimatland. Wäre dies nicht ein schöner neuer Glaubenssatz, der es uns leichter machen könnte?

Ein Glaubenssatz ist ein Glauben, welchen wir entwickeln, wenn wir einen Satz nur häufig genug hören.

Du kannst auch das Wort „Glaubenssatz“ gegen die Wörter „Programm“, „Grundeinstellung“ oder „Einstellung“ austauschen. Es beschreibt den Grundansatz deines Seins. Aus deinen Glaubenssätzen heraus denkst, fühlst und handelst du.

Noch ein Beispiel: kleine Kinder und Spinnenangst.
Hast du schon einmal beobachtet, mit welcher Faszination ein Baby auf Spinnen reagiert? Es spielt mit ihnen bzw. lacht, weil es kitzelt, wenn die Spinne über die Haut läuft. Das Umfeld verhält sich häufig nicht so positiv, wenn ein Baby mit Spinnen spielt. Spätestens wenn dann dieses Baby die Spinne in den Mund nehmen möchte, kommt das Wort „Neeeeiiiiiiin“. Die Eltern werden ihr Kind schon häufig genug darauf hinweisen, dass Spinnen etwas Ekliges sind. Arachnophobie, also zu deutsch Spinnenangst, ist keine Urangst. Sie ist anerzogen. Wie reagierst du, wenn plötzlich eine Spinne auf deiner Schulter sitzt? Denkst du dann groß nach, was zu tun ist? Du wirst aus deinem Glaubenssatz heraus handeln. Wenn auch du eine Abneigung gegen Spinnen hast, wird sich dein Puls beschleunigen. Du wirst schnellstens so reagieren, dass du die Spinne von dir herunterbekommst. Du wirst allerdings auf gar keinen Fall darüber nachdenken, ob die Spinne gut oder

schlecht für dich ist. Diese Entscheidung hast du bereits getroffen oder besser: Sie wurde für dich getroffen. Danach wurde diese als Glaubenssatz abgelegt. Nun bist du für die Zukunft gewappnet. ;-)

Um uns einmal zu durchleuchten, lass es uns noch bildhafter anschauen. Stell dir einfach vor, dass dein ganzes Wissen über Spinnen in einer Box in deinem Kopf abgelegt ist. Du hast bereits eine Box mit der Aufschrift „Spinne“ bei deiner Geburt in deinem Kopf. Diese ist noch leer. Doch schon bald bekommst du den Inhalt für diese Box von deinem Umfeld geliefert. Angewiderte Gesichter, einen Klaps an die Hand, damit du die Spinne fallen lässt, Spinnen werden in deinem Beisein getötet, Mama schüttelt sich vor Ekel, zusammengekniffene Augen usw. usw. usw. Jedes Mal wird deine Box ein bisschen voller. Irgendwann ist diese dann so voll, dass dein Programm bzw. Glaubenssatz angelegt ist. Ab nun hältst du an diesem Glaubenssatz fest. Du wirst ihn nicht mehr so schnell in Frage stellen. Es ist für dich bewiesen. Spinnen sind zum Fürchten.

Der wohl stärkste Klebstoff der Welt sind unsere Gewohnheiten.

Aus diesen Glaubenssätzen entwickeln wir unsere Gewohnheiten. Zu 95 % unseres Tages leben wir in ihnen. Du weißt wahrscheinlich, was es dich an Überwindung kostet, eine Gewohnheit zu ändern. Mit Sport anfangen oder aufhören ist schwer, egal wie herum.

Ein Experiment, welches ich häufig in Seminaren praktiziere, möchte ich hier einmal mit dir durchführen.
Verschränke bitte deine Arme über Kreuz, so wie ein bockiges Kind! Schau mal, welcher Arm oben ist! Dazu gibt es tolle Untersuchungen, was dies bedeutet. Also los! Verschränke die Arme und schau, welchen du oben hast!

Wenn du z.B. den linken Arm oben hast, bist du ein guter Liebhaber bzw. eine gute Lieberhaberin. Wenn du den rechten Arm oben hast, denkst du, dass du gut im Bett bist und bist damit auch glücklich. Haha, das war natürlich nur Spaß.
Doch mach es mal wirklich! Lege das Buch weg und verschränke die Arme! Schaue, welchen Arm du oben hast und nimm dann bewusst den anderen Arm nach oben. Wie fühlt sich das an? Ist es dir egal? Oder fühlt sich der andere Arm komisch, falsch und/oder unangenehm an?
Das Gleiche kannst du mit deinen Händen durchführen. Verschränke deine Finger ineinander! Welchen Daumen hat du oben? Öffne nun die Hände wieder, verschiebe die Finger zueinander und verschränke die Hände erneut, dass nun der andere Daumen oben ist! Wie fühlt sich das an? Irgendwie falsch, oder?

Genau das passiert, wenn du eine Gewohnheit ändern sollst. Zum Beispiel, wenn du mit der anderen Hand schreiben oder dir den Popo abwischen sollst. Probiere es aus!

Gewohnheiten sind schwer zu ändern. Die Ursache für unsere Gewohnheiten sind häufig unsere Glaubenssätze.

So auch bei deinen Ernährungsgewohnheiten. Diese haben ihren Ursprung in deinen Glaubenssätzen.

Ich nehme nun mal ein anderes Beispiel, damit sich die Leser mit einer Spinnenangst entspannen können und wieder dabei sind.
Lass uns das Spiel der Glaubenssätze und der daraus resultierenden Kette verdeutlichen!
Stell dir vor, dass wir in einem Raum sitzen und uns unterhalten. Wir sind zu viert oder zu fünft. Nun betritt ein Rechtsradikaler den Raum. Seine Gesinnung ist durch sein Äußeres (Glatze geschoren, Bomberjacke mit eindeutigen Parolen und Kampfstiefel) zu erkennen.

Nun ist die Frage, welchen Glaubenssatz du zu Rechtsradikalen abgespeichert hast. Es gibt da drei Richtungen:

1. Rechtsradikale sind Vollpfosten. Die haben irgendwas nicht richtig verstanden.
2. Rechtsradikale sind vernünftig. Die trauen sich wenigstens sich einzusetzen.
3. Rechtsradikale sind mir egal. Um die brauche ich mich nicht zu kümmern.

Lass uns mal die Variante 1 durchspielen! Wenn du denkst, dass Rechtsradikale Vollpfosten sind und solch einer den Raum betritt, in dem du dich gerade befindest, hat dies eine Auswirkung auf dich. Es kommen dir sofort irgendwelche Gedanken in den Kopf. Du hinterfragst diese Gedanken auch nicht. Denn sie kommen aus deiner Box „Rechtsradikal".

Beim Glaubenssatz „Rechtsradikaler = Vollpfosten" schießen dir wahrscheinlich eher negative Gedanken durch den Kopf. Vielleicht so etwas wie:

- „Hoffentlich tut er mir nix."
- „Jetzt wird es ungemütlich."
- „Hoffentlich kommt es nicht zu Gewalt."
- „Noch so ein Idiot, der den Schuss nicht gehört hat."
- oder oder oder

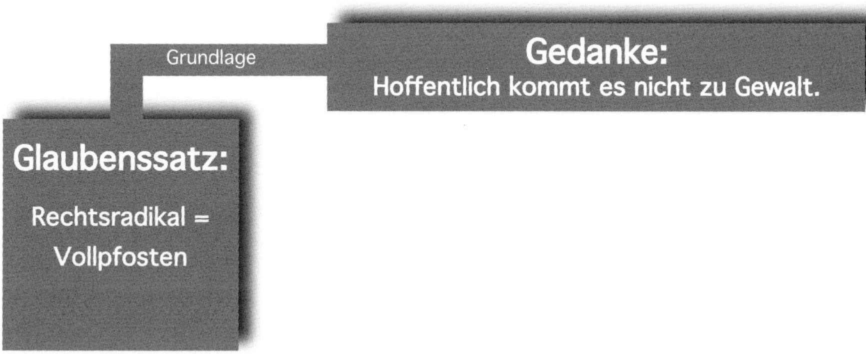

Doch es bleibt nicht beim Gedanken. Aus deinen Gedanken entsteht etwas.

Aus allem, was du denkst, entsteht, was du fühlst.

Wenn du dich richtig mies fühlst, hast du vorher auch mies gedacht. Wenn du dich richtig klasse fühlst, hast du vorher auch positiv gedacht.
Du kannst dich nicht mies fühlen und die ganze Zeit Positives denken. Genauso wenig kannst du dich gut fühlen und permanent schlecht von dir denken. Dein Gefühl

entspringt deinem Gedanken.

Immer wenn ich in Seminaren meine Teilnehmer frage: „Wodurch entsteht ein Gefühl?“, lauten die Antworten: „aus der Situation“, „durch mein Umfeld“ oder „dadurch, was mir gerade passiert ist.“

Doch was bedeuten diese Antworten? „Gefühle entstehen automatisch und ich bin ein Spielball meiner Gefühle.“ Das stimmt nicht. Frage: Welcher Mensch auf der Welt hat die Macht, zu bestimmen, wie du dich fühlst?

Antwort: nur du

Weder ich, dein Partner, Lehrer, Eltern, Kollege, Chef, Kunde, Kinder noch irgendein Motivationstrainer können bestimmen, wie du dich fühlst. Die Entscheidung triffst du ganz für dich allein. Du kannst weniger die Dinge beeinflussen, die dir passieren, doch du kannst entscheiden, welche Auswirkungen sie auf dich haben!

Du und nur DU bist verantwortlich, wie es dir geht. Bitte akzeptiere das! Du wirst im Kapitel Selbstverantwortung noch einiges dazu lesen.

Deine Gefühle entspringen deinen Gedanken und diese deinen Glaubenssätzen. In unserem Beispiel des Rechtsradikalen bedeutet das, dass aus dem Gedanken „Hoffentlich kommt es nicht zu Gewalt“ ein Gefühl entsteht. Dieses kann z.B. Antipathie oder Aversion sein. Vielleicht

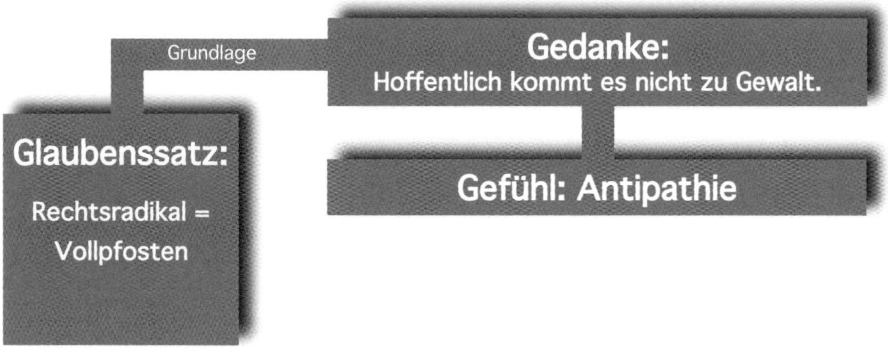

ist es auch gleich Wut oder gar Angst.

Da es sich hier um einen Kreislauf handelt, sind wir noch nicht am Ende. Was entsteht aus dem Gefühl? Hieraus leitet sich dein Verhalten ab. Du trägst dein Gefühl nach außen. Durch deinen Gefühlszustand werden folgende Punkte maßgeblich beeinflusst:
Stimme - Stimmung macht Stimme.
Körpersprache - du brauchst gar nicht zu sagen, dass du wütend bist. Das ist zu sehen.
Mimik - glückliche Menschen haben andere Gesichtszüge als traurige.
Gestik - ein verliebter Mensch zappelt anders umher als jemand, der gerade trauert.
Worte - selbst auf die Worte, welche wir verwenden (finden), haben unsere Gefühle Einfluss.

Dein Äußeres wird unglaublich stark davon beeinflusst, wie es dir geht. Es ist sicht- und hörbar, wie du dich fühlst. Zurück zum Beispiel: Du fühlst eine Antipathie, also eine spontane Abneigung gegen den Rechtsradikalen. Deine Stimme spiegelt das wider, du bist dann eher distanziert und kurz angebunden. Welche Auswirkungen hat es auf deine Körpersprache, wenn du Antipathie fühlst? Du wirst dich eher verschließen, eventuell die Arme verschränken und klar signalisieren, dass du keine Nähe möchtest. Mal angenommen, der Rechtsradikale spricht dich an, wie werden deine gesprochenen Worte lauten? Du wirst wahrscheinlich eher einsilbig antworten.

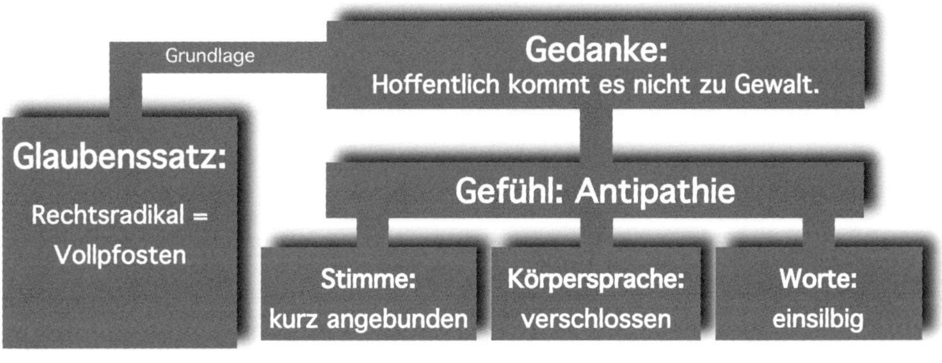

Da es immer noch kein Kreislauf ist, fehlt noch ein Punkt. Nämlich die Reaktion. Stell dir bitte weiterhin vor, dass du nun kurz angebunden bist, eine verschlossene Körpersprache zeigst und einsilbig redest, wie wird der Rechtsradikale reagieren? Mit großer Sicherheit nicht offenherzig und freundlich. Vielleicht wird er pöbeln, dich von oben herab behandeln oder aggressiv. Genaues wäre jetzt Spekulation. Doch eines ist sicher, es wird wohl kaum ein

freundliches Verhalten sein. Stell dir vor, dass du einen Raum betrittst. Darin sitzen vier Personen, welche das eben genannte Verhalten (abgeneigte Körperhaltung, unfreundliche Stimme, kurze Worte) zeigen und dir sofort zu spüren geben, dass du unerwünscht bist, wie würdest du reagieren? Genau das macht nun der Rechtsradikale. Er reagiert aufgrund der Einflüsse. Diese wahrscheinlich für dich negative Reaktion füttert wieder deinen Glaubenssatz, also deine Box.
Er wird sich ebenfalls verschlossen oder gar aggressiv verhalten. Damit hast du die Bestätigung für deine vorhe-

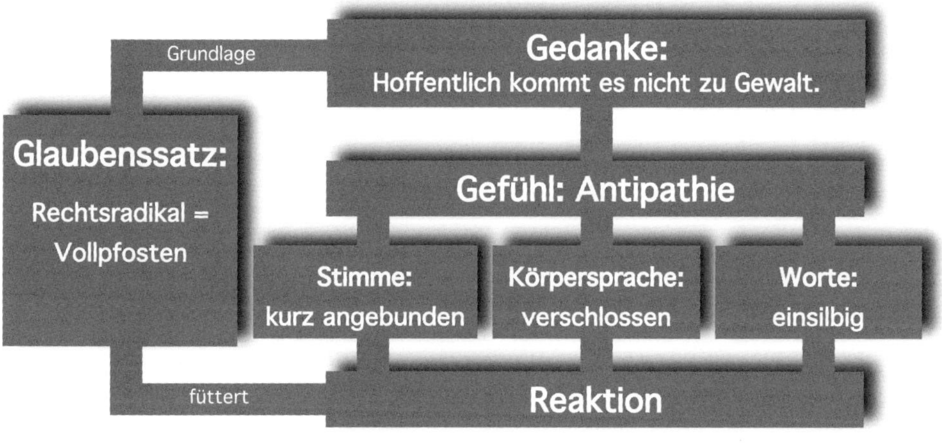

rige Annahme, dass es ein aggressiver Typ ist, erhalten. Du wusstest also schon vorher, dass du recht behalten wirst. Denn wir wollen gern recht haben. Niemand steht morgens mit der Absicht auf, den ganzen Tag unrecht zu haben. Vielleicht hast du deine Realität mit deinen Gedanken erschaffen? Doch dazu später mehr.

Für die Leser, die das Beispiel mit dem Rechtsradikalen zu abwegig finden, habe ich hier noch eins. Stell dir bitte vor, dass ich auf die große Bühne berufen werde. Ich werde vor 10.000 Menschen sprechen und ich möchte dir eine Freude bereiten. Ich nehme dich mit. Die erste Hälfte werde ich sprechen und die zweite Hälfte wirst du reden. Der Termin ist übermorgen. Du kannst dich nicht rausreden. Du wirst nach mir vor 10.000 Menschen sprechen. 20.000 Augen werden auf dich gerichtet sein, 20.000 Ohren werden alles, was du sagst, hören. Du wirst mit Kameras aufgenommen und auf die megagroßen Leinwände übertragen, damit jeder Zuhörer genau dein Gesicht und jede noch so kleine Mimik sieht. Darüber hinaus wird dein Vortrag per Radio ausgestrahlt. Mehr als eine Million Menschen werden vor ihren Radios sitzen und dir lauschen.
Was geht nun in dir vor? Einige werden entzückt sein, weil sie endlich zu ihrem Volk sprechen können. Bei anderen schnürt sich jetzt schon die Kehle zu. Weshalb?

Wusstest du, dass es eine weitverbreitete Angst bei vielen Menschen in Deutschland ist vor einem großen unbekannten Publikum zu sprechen? Die Angst steckt sogar in viel mehr Menschen drin, als die Angst vor dem eigenen Tod. Wir Deutschen liegen also lieber in der Kiste als die Grabesrede zu halten. War nur ein Spaß. Doch irgendwie ist da auch etwas Wahres dran.

Nun überprüfe mal:
1. Was sind deine spontanen Gedanken, wenn dir die Chance eingeräumt wird, auf die Bühne zu gehen? Was schießt dir durch den Kopf? Bitte notiere deine Gedanken!

....

....

....

....

....

2. Was sind deine spontanen Gefühle, wenn es heißt, dass du auf die große Bühne kannst? Was empfindest du?

....

....

....

Nun gilt es nur noch, den Glaubenssatz in dir zu benennen. Wenn du deine Ausführungen durchliest, was könnte die Ursache für deine Gedanken sein? Wie könnte dein Glaubenssatz zum Sprechen vor großen Gruppen lauten?

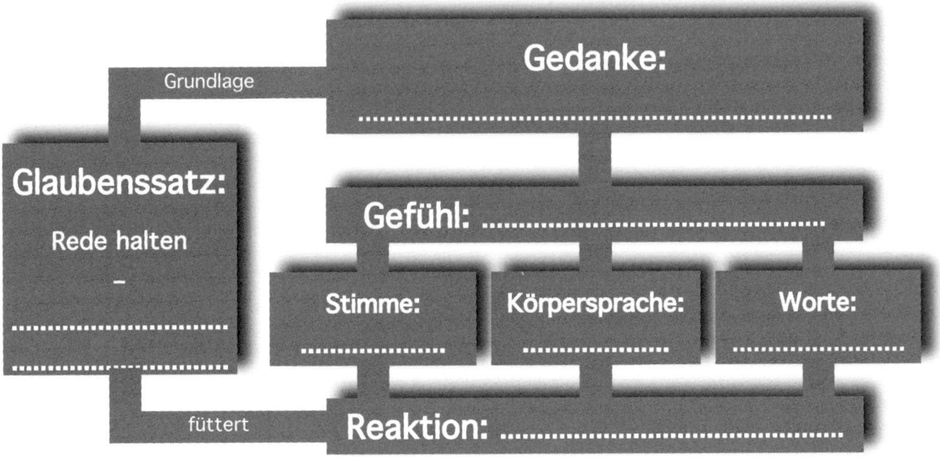

Glaubenssatz:

Rede halten = ...

Ist es ein positiver Kreislauf? Helfen dir dein Glaubenssatz, deine Gedanken und deine Gefühle? Wenn ja, dann freust du dich darüber, wenn du eine Rede halten kannst. Dann hast du Spaß auf der Bühne und du lebst in Erfüllung.

Sofern du allerdings merkst, dass du kein gutes Gefühl hast und auch keine guten Gedanken bei dir entstehen, wenn es um das Thema Reden geht, dann wird ein Leben in Erfüllung auf der Bühne verhindert.

Wer das verhindert? Es ist dein Glaubenssatz zum Thema

Rede halten. Es wurde in dir etwas angelegt, was dich nun schädigt und davon zurückhält, erfolgreich auf der Bühne zu sein. Du hast noch keine Erfahrung, wie es ist, vor 10.000 Menschen zu stehen. Doch ein Glaubenssatz dazu ist angelegt.
Als kleines Baby hat es dir nichts ausgemacht, den ganzen Saal zusammenzuschreien. Selbst als kleines Kind war es für dich völlig normal, fremde Menschen an- und vor ihnen zu sprechen. Durch Botschaften wie:

- „Das macht man nicht!“
- „Störe die Fremden nicht!“
- „Sei leise!“
- „Sei ruhig! Es gucken schon alle.“
- „Still jetzt! Es reden schon alle über dich.“

wurde ein Glaubenssatz gefüttert, der da lautet: Es ist nicht in Ordnung im Mittelpunkt zu stehen.

Jedes Mal, wenn sich eine solche Gelegenheit bot (z.B. Vorträge in der eigenen Klasse), hattest du Lampenfieber und es fühlte sich falsch an. Selbst wenn du die Situation gemeistert hast, fühltest du dich unwohl.

Genau darum geht es in diesem Buch. Wie kannst du deine Programme auf Sieg umstellen? Wie kannst du deinen Kopf auf Erfolg programmieren? Wie kannst du deine Komfortzone erweitern?

Glaubenssätze sind wie Raubtiere. Sie sterben nicht, wenn du vergisst, sie einen Tag zu füttern. Doch du kannst sie aushungern. Wie das funktioniert und wie du Glaubenssätze stärkst, die dir guttun, erfährst du auf den folgenden Seiten.

Dieses Buch beschäftigt sich mit dir. Es beschäftigt sich mit den Ursachen für dein Verhalten. Es geht um dein Selbst.

Wir werden nicht an deiner Stimme oder Körpersprache arbeiten, sondern daran, woraus deine Stimme und Körpersprache entsteht.
Es wird eine tolle Zeit werden, die du mit diesem Buch hast. Du wirst dich neu entdecken und letztlich wie bei dem zusammengefalteten Papier jede Ecke herausfalten. Du wirst deine Persönlichkeit entfalten.

Viel Freude dabei!

Vertrauen

Liebe Wertgefühl

Bestimmung **Selbst-** Heilung

Bewusstsein Bild

Verantwortung

Meditation

Wenn es darum geht, dass du deine hinderlichen und limitierenden Glaubenssätze auflöst, werde ich dir in verschiedenen nachfolgenden Kapiteln empfehlen, zu meditieren.

Da ich nicht weiß, ob du dich schon mit Meditation beschäftigt hast und wie deine Einstellung dazu ist, möchte ich an dieser Stelle einige Ausführungen zu dem Thema machen.

Meditation lässt dich **länger jung** bleiben. Menschen, die meditieren, verändern ihr Gehirn nachhaltig positiv. Es entsteht eine dickere Großhirnrinde als bei Nichtmeditierern.

Meditation lässt dich **mitfühlender** (empathischer) werden. Du kannst dich besser in andere Menschen hineinfühlen. Dies fanden Forscher der Harvard Universität heraus.

Meditation lässt dich **besser schlafen**. Dies belegte eine Studie der Utah Universität. Dadurch bist du tagsüber wacher und ausgeruhter.

Meditation lässt dich **kreativer** werden. Durch Meditation wird dein Neocortex angeregt. Darin befindet sich dein visionäres, strategisches und kreatives Denken.

Meditation baut einen **Schutz gegen Angststörungen und**

Depressionen auf. Dies belegten die Schweden an der Universität in Lund.

Meditation kann deine **Schmerzen lindern.** Bis zu 40 % reduziert sich der gefühlte Schmerz, was eine Studie der Wake Forest Baptist University ergab.

Meditation reduziert den empfundenen Stress bzw. befreit dich voll und ganz davon. Du kannst dich wunderbar tief entspannen. Sogar die Ausschüttung des Stresshormons Cortisol verringert sich nachweislich.

Doch wie funktioniert Meditieren überhaupt? Viele Menschen denken, dass sie nicht meditieren können. Meist haben diese dann einen Mönch im Kopf, der mit gekreuzten Beinen kerzengrade auf dem Boden sitzt oder kurz darüber schwebt und eine Erleuchtung findet.
Doch Meditation verlangt keine bestimmte Körperhaltung. Wichtig ist nur, dass du eine Haltung einnimmst, die dir erlaubt, frei zu atmen und sowohl entspannt als auch aufmerksam zu bleiben.
Wenn du deine Augen schließt, erleichterst du deine Konzentration. Doch du kannst auch mit offenen Augen meditieren.
Du brauchst einfach einen Moment der Ruhe und natürlich die Motivation dich auf etwas Neues einzulassen. Der Rest ist ein Kinderspiel bzw. Übungssache.
In der Regel beginnt eine Meditation mit einer Konzentrationsübung. Sofern du deine Aufmerksamkeit über einen Zeitraum ausrichten kannst, ist der Grundstein für die Me-

ditation gelegt. Doch auch dies ist eine reine Trainingssache. Bitte beachte! Es geht bei einer Meditation nie um Erfolg oder Leistung, sondern immer nur um die wichtigste Person in deinem Leben - dich.

Unser Gehirn ist eine Hochleistungsmaschine. Es verbraucht ca. 20 bis 25 % unserer täglichen Energie. Es ist unglaublich, wozu wir in der Lage sind. Doch leider können wir nur einen Bruchteil unseres gesamten Spektrums abrufen. Es steckt viel mehr Leistung darin, als wir im täglichen Leben nutzen.
Da gibt es Kopfrechner, die 10-stellige Zahlen in Windeseile multiplizieren.
Es gibt begabte Künstler, die sich für kurze Zeit etwas anschauen und dann selbst komplizierteste Dinge detailliert aus dem Gedächtnis zeichnen.
Andere können sich unglaublich viele Dinge merken und diese dann später aufzählen.
Wieder andere hören nur ein paar Töne und erkennen sofort, wer die Musik komponierte oder können gar gleich das ganze Stück spielen.

Dabei heißt es häufig, dass fast alle Menschen hochbegabt auf die Welt kommen. Doch durch unser Umfeld, Erziehung und Schulbildung wird uns das schon ausgetrieben. Ein einfaches Beispiel gefällig? Ein Kind hat in Fach A eine 1+ und in Fach B eine 4-. Was wird passieren? In den meisten Fällen wird versucht, die 4- auszubügeln. Es wird mehr gelernt. Es wird Nachhilfe organisiert. Es wird sich mehr mit diesem Thema beschäftigt. Offensichtlich hat das Kind ein Talent in Fach A. Doch das wird meistens ignoriert. Hier funktioniert das Kind schließlich.

Das menschliche Gehirn ist unglaublich. Auch die Entdeckungen, die damit einhergehen, sind unglaublich. Hast du schon einmal den Begriff Neuroplastizität gehört? Bis 1990 war die Wissenschaft der Meinung, dass ein Gehirn ab einem bestimmten Alter „fertig“ entwickelt ist und dann keine großartige Veränderung mehr möglich ist.
Doch dann wurde entdeckt, dass unser Gehirn nie fertig ist, sondern in der Lage, sich in jedem Alter zu verändern. Ja, Gehirnzellen sind flexibel. Dafür braucht das Gehirn einige Voraussetzungen. Doch es ist für jeden von uns möglich. Das Gehirn ist wie ein Muskel. „Use it or loose it!“, sagte einst Arnold Schwarzenegger über die Muskeln. Das Gleiche gilt für unser Gehirn.

Entweder du gebrauchst es oder es baut ab. Es reduziert die Leistung. Dies ist evolutionär bedingt. Der Gencode, welchen wir in uns tragen, ist 25.000 Jahre alt. Viel Energieverbrauch bedeutete viel Essen. Das gab es nicht. Also haben wir unser eigenes Energiesparprogramm. Dadurch lässt sich die Trägheit vieler Menschen erklären. So wissen viele, dass eine Veränderung guttun würde. Doch nur die wenigsten kommen ins Handeln.

Doch wie bekommt man ein Gehirn in die Höchstleistung? Das Großartige daran ist, dass unsere moderne Wissenschaft dies für uns messbar macht. So ist es mit einem Elektroenzephalogramm (kurz EEG) möglich zu messen, was im Kopf los ist. Darüber hinaus kann die Frequenz jedes einzelnen Gedanken ermittelt werden. Jeder Gedanke hat eine Frequenz. Diese gibt uns Auskunft darüber, in welchem Zustand sich die Person gerade befindet. Du sollst kein Gehirnwissenschaftler werden. Doch wenn du ein Bewusstsein dafür entwickelst, wie dein Köpfchen funktioniert, kannst du viel leichter den Zustand der Höchstleistung erreichen. Hier einige kurze Ausführungen, was in deinem Kopf vor sich geht. Es gibt verschiedene Frequenzbereiche, welche in verschiedenen Situationen bzw. Lebenslagen wichtig sind.

Alpha

- Vielleicht hast du schon mal vom Alpha-Zustand gehört.
- Es ist ein entspannter Zustand.
- In diesem Zustand bist du kurz vor dem Einschlafen, kurz nach dem Aufwachen oder beim Autofahren.
- In diesem Zustand kannst du am besten lernen.
- Gleichzeitig ist dies der optimale Zustand für körperliche Heilung.
- Alpha kommt allerdings nicht davon, weil es der erste Zustand ist, sondern einfach nur, weil dieser zuerst entdeckt wurde.
- Frequenzbereich: ca. 7 bis 14 Hz

Theta

- Dies ist der leichte Schlaf.
- In diesem Zustand träumst du, und dein Gehirn hat eine hohe Kreativität.

- Frequenzbereich: ca. 4 bis 7 Hz

Delta
- Hier bist du im Tiefschlaf.
- Frequenzbereich: ca. 0,5 bis 4 Hz

Beta
- In diesem Zustand bist du hellwach.
- Du hast eine hohe Aktivität.
- Du kannst dich toll konzentrieren.
- Frequenzbereich: ca. 14 bis 30 Hz

Gamma
- Dies ist der Zustand der geistigen Höchstleistung.
- Du bist genial in Problemlösungen.
- Du transformierst wunderbar negative in positive Gefühle.
- Frequenzbereich: über 30 Hz

Jeder Zustand hat seine Vor- und Nachteile. Doch lass uns einige Dinge näher beleuchten!
- Heilung funktioniert im entspannten Alpha-Zustand.
- Lernen, also neues Wissen ins Langzeitgedächtnis übertragen, funktioniert ebenfalls im entspannten Alpha-Zustand.
- Höchstleistung in der Lösungsorientierung findet im Gamma-Zustand statt.

Das sind ganz eindeutige Erkenntnisse der Wissenschaft. Wie kann nun der Alpha-Zustand erreicht werden? Ein

Weg ist die Meditation. Durch ein ausgewogenes Verhältnis zwischen An- und Entspannung können wir besser lernen und unser Körper kann optimal heilen. Da wir uns in der heutigen Gesellschaft allerdings stets beschäftigen und sogar regelrecht Angst vor dem Nichtstun und der Langeweile haben, gibt es zu wenig Entspannung. Der Alpha-Zustand bleibt auf der Strecke. Stressbedingte Krankheiten sind auf dem Vormarsch. Ein toller Weg zurück ist die Meditation.

In den folgenden Kapiteln erhältst du immer wieder die Empfehlung zu meditieren. Damit schlägst du viele Fliegen mit einer Klappe. Wer meditiert, spart also Zeit. ;-)
Wenn du es dir zur täglichen Angewohnheit machst, zu meditieren, erreichst du täglich den entspannten Alpha-Zustand. Und jetzt kommt es - halte dich fest, du erreichst dadurch besser den Gamma-Zustand.

Stell es dir wie ein Pendel vor! Der Geist kann durch den entspannten Zustand auf der einen Seite zur geistigen Höchstleistung und auf der anderen Seite zur Entspannung ausschlagen. Die meisten Menschen halten sich irgendwo dazwischen (im Beta-Bereich) auf.

Dies belegt z.B. das Experiment von Richard Davidson. Es hat gezeigt, dass tibetanische Mönche, welche zwischen 10.000 und 50.000 Meditationsstunden absolviert hatten, dreißig Mal intensivere Gammawellen hatten als der westliche Durchschnittsmensch. Regelmäßiges Training verändert das Gehirn. Ja, es verändert es wirklich. Wir empfinden weniger Stress, Sorgen und Angst und sind nachweislich glücklicher.

Neben dieses generellen Effekts der Meditation wirst du in den folgenden Kapiteln die themenbezogenen Auswirkungen erfahren.

Um den Einstieg in die Meditation zu erleichtern, empfehle ich dir, geführte Meditationen zu nutzen. Meditieren ist weitaus mehr, als verschlafen in der Gegend herumzuglotzen. Es ist auch etwas völlig anderes, als zu schlafen.

Umfeld

Wichtig: Dieses Buch beschäftigt sich mit dir. Es wird dein Denken beeinflussen. Das soll eine Vorwarnung sein. Denn wenn sich dein Denken ändert, ändert sich deine Welt. Wenn du an Themen wie Selbstvertrauen, Selbstbewusstsein oder Selbstwertgefühl arbeitest, wird das Auswirkungen auf dich und dein Umfeld haben.

Deshalb betrachte bitte dein direktes Umfeld! Sind das Menschen, die dich ermutigen, emporheben, unterstützen und/oder dir deinen Erfolg gönnen? Oder sind es eher Menschen, die dich runterziehen, unten halten, bemängeln und/oder dich mit Fürsorge erdrücken?

Dazu mal ein einfaches Beispiel: Mich fragte eine Teilnehmerin, wie sie endlich in die Veränderung kommt. Sie weiß schon so viel, doch im Alltag bekommt sie es nicht umgesetzt. Bei ihr ging es konkret um Sport. Sie will Sport treiben und sich bewegen. Doch sie schafft den Anfang nicht. Ich fragte sie, ob Menschen in ihrem nahen Umfeld Sport treiben. Sie lachte auf, schüttelte mit dem Kopf und erwiderte, dass niemand in ihrem Umfeld Sport mache. Wahrscheinlich würden sie sie sogar auslachen, wenn sie nun anfinge.

Nicht den Vernünftigen werden die Denkmäler gebaut, sondern immer den Unvernünftigen.

Mit solch einem Umfeld hat sie es wirklich schwer zu starten. Neben einigen anderen Empfehlungen bat ich sie, den Kontakt zu Menschen zu suchen, welche Sport treiben. Stell dir mal vor, die sechs engsten Menschen in deinem Umfeld treiben Sport! Was wird dann häufig ein Gesprächsthema sein? Es ist evolutionär bedingt. Da wir dazugehören wollen, gibt es zwei Möglichkeiten:

1. Unserem Umfeld entsprechen.
2. Das Umfeld suchen, welches zu uns passt.

Schau dir bitte genau dein Umfeld an! Wir sind ein Durchschnitt der engsten Menschen um uns herum. Ob dies nun fünf oder sechs Personen sind, spielt eine untergeordnete Rolle. Runterziehen ist einfach leichter als jemanden hochzuziehen.

Stell dein Umfeld auf den Prüfstand! Welche Menschen kosten dich permanent Kraft? Welche Menschen geben dir Kraft? Nach Gesprächen mit welchen Personen bist du müde bzw. gut gelaunt? Welche Telefonnummer auf dem Display löst Glücksgefühle aus und bei welchem Anruf möchtest du am liebsten deine Nummer wechseln?

Das Leben ist für viele Dinge zu kurz. Unter anderem da-

für, sich mit Menschen zu umgeben, die einem nicht guttun.
Sei konsequent! Du lebst immer mit den Konsequenzen!

Wenn du z.B. das Gefühl hast, nichts wert zu sein und du dich dauernd selbst kritisierst, ist das eben nicht immer fehlendes Selbstwertgefühl. Es kann auch sein, dass du dich mit Arschlöchern umgibst, die dir einreden, dass du nichts wert bist.

Auf zum Frühjahrsputz!

**Alle Menschen, die dir nicht guttun,
raus aus deinem Leben!**

Bitte versteh mich richtig! Es kann immer mal sein, dass ein Familienangehöriger oder Freund in einer Krise steckt und deine Unterstützung benötigt. Dies kann dich Kraft kosten. Doch es darf kein andauernder Zustand sein.

Wenn du den Wunsch hast, dass du dich entfalten möchtest, achte darauf, dass in deinem Umfeld keine Menschen sind, die dir permanent die Flügel abschneiden wollen!
Es ist ein ganz normales Verhalten, andere runterzuziehen. Denn wenn Menschen sich groß fühlen wollen, gibt es zwei Möglichkeiten. Andere runtermachen oder selbst wachsen. Du kannst in der Wirtschaft oft beobachten, dass sich viele Unternehmen für das „Runtermachen" ihrer Wettbewerber entscheiden. Da werden Anwälte losgeschickt, um Knüppel zwischen die Beine erfolgreicher, aufsteigender Unternehmer zu werfen. Stattdessen könn-

ten sie in die eigene Entwicklung investieren, um selbst zu wachsen.

Stell dir vor, zwei Kinder sind gute Freunde und gehen in eine Klasse. Sie haben die gleichen Hobbys. Sie hören die gleiche Musik. Sie erlernen einen ähnlichen Beruf, heiraten und wohnen später in der gleichen Gegend. Nun fühlt sich einer der beiden unzufrieden. Er entscheidet sich, an seiner Entfaltung zu arbeiten und kauft sich ein Buch darüber. Dann teilt er seinem guten Freund mit, dass er unzufrieden mit seinem Leben ist, dass er sich verändern möchte und deshalb einen Ratgeber gekauft hat.
Was spürt nun dieser Freund? Er erkennt sein eigenes Leben in den Erzählungen. Ein Leben, für welches er sich entschieden hat, wird von seinem guten Freund angezweifelt. Was ist nun eine häufige Schutzreaktion? Dem Freund, der alles in Frage stellt, wird die avisierte Veränderung ausgeredet. „Sei vernünftig!“, „Denk an deine Familie!“ oder „Schuster, bleib bei deinem Leisten!“ sind einige Aussagen, die oft in diesem Zusammenhang vorgebracht werden.

Wenn du dich veränderst und an dir arbeitest, ist es völlig normal, dass Menschen aus deinem Umfeld dir dies ausreden wollen.
Erst belächeln sie dich, dann bekämpfen sie dich und letztlich beneiden sie dich. Neid muss man sich eben verdienen - spätestens in diesem Moment kannst du dir sicher sein, dass dir die Veränderung gelungen ist.

Wenn du etwas ändern und z.B. mehr Selbstvertrauen

aufbauen möchtest, darfst du dich nicht permanent mit Menschen umgeben, die dir stets einreden, dass du etwas nicht schaffst.

Wer sich jeden Abend mit Straßenhunden schlafen legt, darf sich nicht wundern, wenn er irgendwann von einem Floh gebissen wird.

Also überprüfe dein Umfeld! Sprich mit den Menschen in deiner Umgebung und schau, wie sie reagieren. Umgib dich mit Menschen, die dir guttun!

Selbstliebe

Dies ist ein sehr spannender Bereich auf Weg zu dir selbst. Viele Menschen sehen diesen als Ursprung für einen Mangel in einem anderen Bereich. Doch immer der Reihe nach.

Selbstliebe vs. Egoismus

Sehr häufig wird Selbstliebe mit Egoismus gleichgesetzt. Wie war es bei dir als Kind, wenn du dich hingestellt hast und sagtest, dass du dich toll findest?
Wie haben deine Eltern reagiert?
Was waren die Werte, die dir deine Familie vermittelte?

- Hochmut kommt vor dem Fall.
- Stell dich nicht immer über andere.
- Nur der Esel nennt sich selbst zuerst.

Fast alle wollen geliebt werden. Nur Wenige lieben bedingungslos. Kaum jemand liebt sich selbst.

Hinterfrage dich, wer dir deine Glaubenssätze über die Selbstliebe beibrachte. Waren es

Menschen, die sich selbst liebten? Wie soll jemand, der sich nicht bedingungslos liebt, dich bedingungslos lieben? Wie soll jemand, der sich selbst nicht bedingungslos liebt, dir beibringen können, dass du dich selbst lieben darfst? Waren deine Eltern glücklich? Deine Eltern erzogen dich im besten Wissen und Gewissen. So erzogen auch deine Großeltern deine Eltern im besten Wissen und Gewissen. Sie konnten es nicht besser. Stell dir deine Großeltern vor! Wo waren deren Wurzeln?

Bitte verurteile deine Eltern oder andere Personen nicht dafür, dass sie dich nicht so erzogen haben, wie du es dir in dem Moment oder jetzt im Nachhinein gewünscht hättest
Wenn du solche Beschuldigungen in dir wahrnimmst, bist du noch in einer Opferrolle gefangen. Du machst andere Menschen für deinen Zustand verantwortlich. Du übernimmst dann noch nicht die Selbstverantwortung, die du brauchst, um ein befreites Leben zu leben.
Bitte beachte:

Wem du die Schuld gibst,
dem gibst du die Macht!

Du kannst es dir jetzt aussuchen. Wer soll die Macht über dein Leben haben?

Wer sich entscheidet ohne Selbstliebe zu leben und weiterhin den Erwartungen anderer zu entsprechen, gibt anderen weiterhin die Macht. Daraus schlussfolgert sich ein Leben in Ohnmacht.

Macht über sich zu haben, heißt noch lange nicht andere zu bekämpfen oder zu unterdrücken. Macht haben bedeutet frei zu sein. Du hast dann die Freiheit unabhängige Entscheidungen zu treffen.
Ja, wir sind ein Leben ohne Macht gewohnt.
Zuerst haben deine Eltern Macht (emotional und finanziell) über dich.
Dann haben Lehrer und später die Ausbilder die Macht über dich.
Letztlich hat dann der Staat die Macht über dich.
Doch tritt aus diesem Karusell der Ohnmacht heraus.
Befreie dich und lebe ein befreites Leben!

Über-nimm die Macht über dich und Leben!

Bitte glaube mir, deine Eltern haben ihr Bestes gegeben. Sie haben dir genau die Erziehung gegeben, die sie für richtig hielten.

Auch wenn du in deiner jetzigen Situation denkst, dass dieses oder jenes besser gewesen wäre. Sie haben ihr Bestes gegeben.

Bitte verstehe richtig, es ist keine Anklage vielmehr ein Augenöffnen. Deine Eltern haben ihr Bestes gegeben.

Welche Glaubenssätze existieren in deiner Familie zu den Themen

Geld

Mit Geld spielt man nicht.

Geld macht nicht glücklich.
Geld verdirbt den Charakter.

Kapitalismus

Wir werden von denen da oben ausgebeutet.
Die Ellenbogengesellschaft wird immer schlimmer.
Die, die viel haben, bekommen immer noch etwas dazu und denen, die nix haben, wird noch das letzte Hemd genommen.

Soziale Marktwirtschaft

Früher war alles besser.
Heute muss man zusehen, wie man mit dem Arsch an die Wand kommt.
Der Teufel scheißt immer auf den größten Haufen.

Kommen dir solche Aussagen bekannt vor? Falls nicht, hinterfrage dich einmal, welche Aussagen du in deiner Kindheit gehört hast. Verhaltensforscher fanden heraus, dass sich Glaubenssätze häufig über mehrere Generationen in den Familien halten.

Was steht schon in der Bibel, einem Buch, welches Millionen Menschen lesen? Liebe deinen Nächsten, wie dich selbst. Es steht nicht darin: Liebe deinen Nächsten, mehr als dich selbst. Liebe andere Menschen genau so, wie du dich selbst liebst.

Selbstliebe hat nichts mit Egoismus zu tun. Außer du bist die einzige Person, die du liebst. Egoismus bedeutet, sich selbst über andere zu stellen. Doch darum geht es in der Selbstliebe nicht. Der Egoist liebt sich nicht selbst und es ist auch nicht zuviel Selbstliebe da. Zum einen kann Liebe nie genug oder zuviel sein und zum anderen ist die Ursache für Egoismus eher ein Mangeldenken.

Egoismus entsteht nicht durch zuviel Selbstliebe, sondern durch das Fehlen dieser.

Das bedeutet, dass die Menschen den Glaubenssatz (Box) haben, dass es nicht genug von etwas wie z.B. Selbstliebe gibt, was sie annehmen zu ihrem Glück zu brauchen.
Das kann Anerkennung, Geld, Aufmerksamkeit, beruflicher Erfolg oder vieles anderes sein.
Er ist davon überzeugt, dass er andere bezwingen muss, um an das gewünschte Etwas zu gelangen.

Wer sich selbst liebt, stellt sich nicht über andere, sondern auf die Stufe der anderen.
Ich behaupte: In dem Augenblick, in dem du dich selbst liebst, kannst du auch erst andere Menschen lieben und von anderen geliebt werden.

Selbstliebe ist nie das Ziel, sondern immer dein Weg. Du musst nicht erst dies und das tun, um dich selbst zu lieben.

Was dahinter steckt, ist eine Beobachtung, die ich oft in

der Praxis erlebe. Selbstliebe mit Bedingung: Wenn ich geliebt werde, dann bin ich liebenswert und kann mich selbst lieben.

Lass Selbstliebe kein Ziel, sondern das Fundament deines Lebens sein!

Jetzt entstehen gleich mehrere Konflikte bzw. mögliche Auswirkungen durch Selbstliebe mit Bedingungen.
Wenn eine Person das Gefühl hat, nicht liebenswert zu sein, sich also nicht selbst liebt und in eine Partnerschaft kommt, wird sie was tun?

Auch wenn es völlig unbewusst ist. Sie wird die Partnerschaft sabotieren. Denn wie sollte es denn möglich sein, geliebt zu werden, wenn dieser Mensch sich nicht selbst liebt? Solche kleinen oder auch großen Sabotagen sind z.B. Eifersucht oder das Nicht-annehmen-Können von Liebesbekundungen.
Der geliebte Partner wird (un-)bewusst weggeschoben. Das Programm „ich bin nicht liebenswert" ist im Kopf angelegt und jeder Mensch möchte recht haben.
Wer von seinem Partner Liebe einfordert ohne sich selbst zu lieben, rast mit Vollgas auf den nächsten Beziehungsabgrund (Krise) zu. Du kannst in ein Fass ohne Boden so viel hineinkippen, wie du willst, es wird nie den gewünschten Füllstand erreichen.

Welche Liebespartner zieht ein Mensch an, der sich selbst nicht liebt? Ob ein Mensch sich selbst liebt, ist leicht spürbar. Singles haben da noch ganz andere Radare aktiviert. Sie spüren, ob es passt, ob der-/diejenige der/die Richtige ist. Doch welche zukünftigen Partner zieht ein Mensch an, der sich selbst nicht liebt?

Wenn ein dominanter Mensch spürt, dass du ein Mensch ohne Selbstliebe bist, kann er mit dir so umgehen, wie er es für richtig hält. So entstehen häufig abhängige Beziehungen. Sätze wie: „Was wärst du ohne mich geworden.“ oder „Wenn es mich nicht gäbe, dann ...“
Der unterdrückende Partner bezieht dann seine Stärke aus der Unterdrückung. Der Unterdrückte ist bestrebt, alles richtig zu machen, da er sich die Liebe erarbeiten möchte.
Oftmals gibt sich derjenige ohne Selbstliebe auf, um die Beziehung aufrechtzuerhalten. Der andere bekommt immer mehr Macht verliehen. Ein Ungleichgewicht, welches es in keiner Beziehung, schon gar nicht in einer Liebesbeziehung, geben sollte.

Was passiert, wenn eine Partnerschaft auseinandergeht und der Glaubenssatz bei einem von beiden ist: Wenn ich geliebt werde, dann liebe ich mich. Ich werde nicht mehr geliebt – und nun? Nun bin ich überhaupt nicht mehr liebenswert und kann mich selbst nicht lieben. Die Sehnsucht nach dem Geliebtwerden scheint unerfüllbar. Vielleicht verstehst du nun, weshalb manche Menschen sich nur in einem Rosenkrieg trennen können. Es geht dabei nur allzu oft um die fehlende bzw. weggenommene Selbstliebe, statt um die Trennung als solches.

Meine These lautet daher: Liebe dich selbst, dann kannst du andere lieben und wirst auch geliebt.

Kannst du dich noch an den Tag deiner Geburt erinnern? Ich hoffe, eher nicht. ;-)

Vielleicht hast du selbst Kinder und kannst besser verstehen, was ich meine. Falls nicht, frage doch einmal eine Mutter oder einen Vater nach dieser Situation.

Das größte Geschenk, das du deinen Eltern geben kannst, ist dich mit ganzem Herzen selbst zu lieben.

Frisch nach der Geburt wird der Mutter bzw. dem Vater das erste Mal das eigene Kind übergeben. Was passiert nun? Was hat die Natur so wunderbar eingerichtet? Das Kind wird bedingungslos geliebt. Das Kind erfüllt keine Bedingungen. Es leistet keinen Beitrag. Es ist einfach nur da und es wird geliebt. Vielleicht ist es sogar noch krank, doch es wird geliebt. Allein die Existenz des Kindes führt dazu, dass es geliebt wird.
Später werden Menschen durch Liebe konditioniert. Sätze wie: „Sei schön brav, dann habe ich dich lieb." suggerieren uns, dass wir bei einem bestimmten Verhalten geliebt werden. Doch dem ist nicht so.

Wahre Liebe ist bedingungslos – wahre Selbstliebe auch.

Immer wieder ergibt sich in Gesprächen, dass ein Besitz von Dingen und die Anerkennung dafür das Loch der fehlenden Selbstliebe füllen soll. Doch wie bei einem Fass

ohne Boden, kannst du so viele Besitztümer hineinschütten, wie du willst. Das Fass wird nie voll sein.
Andere hingegen fühlen sich getrieben, etwas leisten zu müssen, um dadurch liebenswert zu sein. Doch wie ich schon geschrieben habe, Liebe ist immer bedingungslos. Es will uns in der heutigen Gesellschaft, in der es um höher, schneller und weiter geht, nicht einleuchten, dass jemand, der nichts tut, auch liebenswert sein soll.
Wenn du denkst, dass du Dinge besitzen oder Ergebnisse erzielen musst, um geliebt zu werden, knüpfst du deine Liebe an Bedingungen. Wenn diese Bedingungen nicht mehr erfüllt sind, ist der Grund für die Liebe verschwunden. Das ist ein doppelter Verlust.
Reine Selbstliebe ist losgelöst von Besitz, vom Wohlstand, vom Familienstand und auch vom Beziehungsstatus.

Konditionierung der Liebe

Das Gegenteil von bedingungsloser Liebe ist die konditionierte Liebe. Wenn du das und das machst, dann bist du ein liebes Kind. Und ein liebes Kind haben wir lieb. Wir lieben dich nur, wenn du das und das tust. Liebe bekommst du nicht geschenkt. Nichts im Leben gibt es geschenkt, du musst es (auch die Liebe) dir erarbeiten.

Dabei sagen Eltern auch Sätze wie: Egal, was du tust, du wirst immer unser Kind bleiben und werden dich lieben.
Doch ist dem wirklich so? Was passiert mit der Liebe, wenn das Kind die Schule abbricht, Drogen nimmt oder gar Verbrechen begeht?

Natürlich sind das extreme Beispiele. Wo ist dann die Grenze? Bis wohin darf bedingungslos geliebt werden und ab wann ist eine Konditionierung in Ordnung?

Hier meine Abstufungen

1. Eltern die keine Liebe schenken

   Sie sind nicht in der Lage Liebe zu geben. Eigene Verletzungen bzw. eine gefühlte Opferrolle hindern sie daran, Liebe zu zeigen.

2. Konditionierende Eltern

   Tue das und ich habe dich lieb. Liebe der Eltern muss vom Kind erarbeitet werden. Diese Muster werden häufig übernommen und auf die zukünftigen Kinder oder Partner übertragen. Somit entstehen keine Liebes- sondern Geschäftsbeziehungen.

3. Tückische Eltern

   Sie tätigen Aussagen wie: Wir werden dich immer lieben.

   Wenn das Kind dann gegen Glaubenssätze der Eltern verstößt, gibt es Liebesentzug. Kinder fühlen sich grundsätzlich geborgen. Bei Nichteinhaltung der erwarteten Verhaltensweise wird ihnen der Boden unter den Füßen weggezogen. Dieser Boden ist der bis dahin unerschütterliche Glaube und Vertrauen in sich und andere.

4. Bedingungslos liebende Eltern

   Sie lieben bedingungslos. Egal, was das Kind macht oder nicht macht, es spürt die starken Wurzeln im Elternhaus. Daraus wächst das Urvertrauen in sich selbst.

Selbstliebe ist das Fundament. Darauf bauen sich Dinge wie Selbstvertrauen, Selbstheilung, Selbstwertgefühl auf.

Selbstliebe ist etwas total Natürliches. Jedes Baby, das auf die Welt kommt, liebt sich. Nur allzu häufig wird sie uns genommen. Dies ist gesellschaftlich geprägt. Menschen, die sich selbst nicht lieben und meistens auch noch unglücklich sind, wollen dir einreden, dass es etwas Schlechtes ist, sich selbst zu lieben.
Selbstliebe ist für viele Menschen eine Sehnsucht. Durch die Erziehung wird sie ausgemerzt oder an Bedingungen geknüpft.
Ich habe persönlich noch nie einen Menschen getroffen, der sich bedingungslos selbst liebt und das schlecht findet oder es ändern möchte. Doch ich treffe viele Menschen, die die Sehnsucht haben, mit sich selbst im Reinen zu sein. Oft kommt es dann zu Kompensationshandlungen (z.B. shoppen, essen, Drogen), um von der fehlenden Selbstliebe abzulenken.

Häufig treffe ich auch Menschen, die Selbstliebe und Ego verwechseln oder gleichsetzen.

Unterschied Selbstliebe und Ego

Das Ego spricht: Ich bin ein toller Typ und deswegen werde ich geliebt.
Die Selbstliebe spricht: Ich bin ein toller Typ und deswe-

gen liebe ich.

Das Ego hat meistens mit der Erhöhung der eigenen Position im Verhältnis zu den anderen zu tun. Das Ego hat mit dem Außen zu tun. Deswegen sind Menschen mit einem großen Ego auch so leicht aus der Spur zu bringen. Du brauchst nur das zu attackieren, ach bloß in Frage zu stellen, wofür sie stehen. Dann wird sich das Ego aufplustern und den Kampf mit dir aufnehmen.
Die Selbstliebe ist da anders. Der Dalai Lama soll gesagt haben: „Eine Seele, die in sich ruht, ist durch nichts aus der Bahn zu bringen." Selbstliebe hat nur mit dir selbst und deinem Inneren zu tun. Äußere Einflüsse können sie nicht herunterschrauben und denunzieren. Denn es geht nur darum, was du für dich selbst empfindest.

Dabei geht es nicht darum, dass du dich permanent anhimmeln oder jederzeit von dir begeistert sein musst. Natürlich darfst du auch mal stinkig auf dich sein. Du kannst dich über dein eigenes Verhalten ärgern, ohne dass du dadurch gleich die Liebe zu dir selbst in Frage stellen musst - du kannst dich gleichzeitig von ganzen Herzen lieben.

fehlende Selbstliebe

Beobachte dich selbst! Wozu neigst du bei Freunden, Kollegen, Vorgesetzten, Kunden oder deinem Partner? Mögliche Indizien für fehlende Selbstliebe (Kompensationshandlungen):

Aggressionen

Achte z.B. auf deine Aggressionen! Bist du immer mal wieder aggressiv? Egal, ob sich diese Aggressionen gegen dich selbst oder gegen andere richten. Passiert es dir, dass du dich selbst aggressiv wahrnimmst? Frage doch mal dein Umfeld, ob du aggressiv wirkst!

Aggression ist nur allzu häufig der Versuch, einen Schmerz in der Brust zu kompensieren. Sie ermöglicht das Aushalten dieses Schmerzes. Um den Schmerz zu beseitigen, müsste man sich mit dem Schmerz und der Ursache beschäftigen, also mit sich selbst. Das verursacht meistens nur weitere Schmerzen. Gerade die wollen wir doch vermeiden. Dann also lieber aggressiv.

Selbstbemängelung

Menschen, die sich oft selbst bemängeln, sind häufig ohne Selbstliebe. Entscheidend dafür ist natürlich die Frequenz, also der Abstand der Bemängelung. Sieh es bitte wie eine Waage an! Wie oft bewunderst du dich selbst und wie oft bemängelst du dich selbst? Wenn du dir mal sagst, dass du ein Schussel bist, ist das das eine. Doch wenn dies permanent passiert, ist das etwas anderes. Wohin schlägt deine persönliche Bemängelungswaage aus?

Schulddiskussionen

Menschen, welche häufig die Schuldfrage klären wollen. Auf der einen Seite geht es darum, dass andere schuld an der eigenen Situation sein sollen. Anderen die Schuld

für die eigene Situation zu geben, hat nur ein Ziel – und zwar Mitleid. Wenn Menschen die Selbstliebe abhanden gekommen ist, passiert es, dass die fehlende Selbstliebe durch Mitleid ersetzt werden soll. Es ist von außen betrachtet ein lauwarmer Ersatz. Doch häufig alles, woran sich die Betroffenen klammern.
Auf der anderen Seite gibt es die Schuld am eigenen „vermasselten" Leben. Gedanken wie: „Wenn ich damals nur ..., dann hätte ich ein besseres Leben."
Wo Schuldgefühle, -diskussionen oder -zuweisungen existieren, gibt es keinen Platz für Selbstliebe. Ein Schuldgefühl auszulösen, bedeutet Macht auszuüben. Kennst du die Aussage am Telefon: „Du hast dich schon so lange nicht mehr gemeldet."? Einfach, oder?
Schuldige schmoren. Sie schmoren in einer Hölle. Doch es ist eine eigene Hölle bzw. eine zugelassene Hölle. Schuldgefühle zu haben, bedeutet sich schlecht zu fühlen.

Angst

Menschen, die häufig Angst haben, lieben sich nicht selbst. Ängste haben häufig mit der Zukunft zu tun. Die vor dem Scheitern/Versagen. Die Angst, nicht zu genügen. Die Angst, nicht dazuzugehören. Die Angst vor dem Alleinsein. Die Angst, nicht geliebt zu werden. Angst füllt den Raum im Herzen, in dem dann Liebe keinen Platz hat. Das Gegenteil von Angst ist nicht Mut, sondern Liebe.

Wo Liebe existiert,
hat Angst keine Luft zum Atmen.

Selbstliebe ist ein natürlicher Zustand, Angst ist oft etwas Antrainiertes. Es gibt ganz wenige Urängste. Fast alle Ängste, die ein Erwachsener hat, sind erlernte Ängste.
Ängste haben meistens mit deiner Zukunft zu tun. Doch deine Zukunft kannst du nicht kontrollieren, den jetzigen Augenblick schon.

Macht haben wollen

Menschen, die eine hohe Dominanz ausstrahlen, ist es häufig sehr wichtig respektiert zu werden. Doch oft verwechseln diese Personen Respekt mit Liebe. Aber den Wunsch nach Liebe können sie sich nicht eingestehen. Also poltern sie umher, verlangen nach Respekt und wollen dabei nur eines: geliebt werden.
Sie versprechen sich, durch immer mehr Macht mehr Respekt bzw. Liebe zu erhalten. Nur allzu oft können sie ihre erzielten Erfolge nicht genießen. Eine Befriedigung und das Stillen ihrer Sehnsucht will sich einfach nicht einstellen.
Der Teufelskreis dabei: Mehr Macht wird häufig auf dem Rücken anderer Menschen ausgetragen, welche dann aber doch wieder respektieren sollen. Da dies nicht funktioniert, sucht sich diese Person gern Gleichgesinnte. Hier wird dann ausgetauscht, wer was erreicht hat. Doch statt um den gewünschten Respekt, geht es hier wieder um Macht, da man ja der Erfolgreichste der Erfolgreichen ist bzw. sein möchte.
Selbstliebe wird an eine Bedingung geknüpft – der Mächtigste sein zu wollen. Wenn dann solch ein Etappenziel

erreicht ist, spürt der Machtjäger, dass er immer noch nicht erfüllt ist und sucht sich einen noch Mächtigeren.

Nicht Nein sagen können - Krankenschwester - Programm

Dies sind Menschen, die sich durch die Unterstützung Beliebtheit versprechen. Es geht ihnen mehr darum, dass andere sich wohlfühlen.

Sie kümmern sich um andere Menschen (z.B. Kinder, Partner/in, kranke Eltern), um begehrenswert zu sein.

Sie sind im „Krankenschwesterprogramm". Doch während die angestellte Krankenschwester nach ihrer Schicht nach Hause geht, ist die selbsterklärte Krankenschwester während ihrer gesamten Wachzeit im Einsatz und während der Schlafenszeit in Bereitschaft.

Nur allzu oft ist dies ein Zweikampf der Einstellungen. Zum einen können diese Personen schlecht Nein sagen und zum anderen haben sie Angst davor, ausgenutzt zu werden.

Es ist ein Leben im Außen. Ich habe mal einen sehr klugen Spruch aufgeschnappt: Wer immer „Ja" zu anderen sagt, sagt stets „Nein" zu sich selbst.

Sein Umfeld permanent wichtiger
zu nehmen als sich selbst,
erzeugt eine moderne Sklaverei ohne Ketten.

Ein wertvoller Tipp, sofern du davon betroffen bist: Fürsorge schwächt, wenn du Dinge für andere tust, die sie selbst tun können. Du denkst eventuell, dass es deine Aufgabe ist, für andere da zu sein. Doch wenn du Dinge für Menschen tust, die sie selbst tun können, behinderst du sie in ihrer Entwicklung.

Oft wird Fürsorge mit Liebe verwechselt. Es ist kein Ausdruck von Liebe, wenn wir Dinge für Menschen tun, die sie selbst tun können. Es ist eine Selbstaufgabe der eigenen und Schwächung der anderen Person.
Dieses permanente Zurückstellen der eigenen Person führt zum Ausbrennen. Wenn die Kinder aus dem Haus sind, kommt dann oft die Leere und Erschöpfung.

Chamäleon Effekt

Diese Menschen passen sich an. Sie wollen nicht auffallen und bemühen sich den Erwartungen der anderen zu entsprechen.
Sie lachen mit, obwohl ihnen nicht nach Lachen zu mute ist. Sie beteiligen sich, um dazu zu gehören und weniger deshalb, weil sie Freude daran haben. Frage dich auf wie vielen Hochzeiten du tanzt, obwohl du keine Erfüllung darin findest! Das können Hobbys, Freundschaften, dein Beruf oder sogar deine Beziehung sein.

Leistungsjäger

Diese rastlosen Menschen haben das Denken, dass sie liebenswert sind, wenn sie bestimmte Ergebnisse erzielt haben.
Wenn ich die und die berufliche Position habe, dann erhalte ich den Respekt (Liebe) von meinen Eltern, Geschwistern oder Freunden.
Wenn ich das und das Auto fahre, dann erhalte ich die Anerkennung und den Zuspruch, den ich mir vorstelle.
Wenn ich in einem ... Quadratmeter großen Haus in der und der Lage wohne, dann habe ich es geschafft. Dann

habe ich den Status, der meine Persönlichkeit ausdrückt.
Doch wenn dann diese Personen die berufliche Position haben, spüren viele, wie es am Sonntagabend im Bauch rumort, weil sie am Montag nicht ins Büro möchten.
Wenn diese Personen endlich in dem Haus sitzen, spüren sie trotzdem eine Leere in sich.
Wenn diese Personen den Urlaub in St. Moritz machen, spüren sie oft keinen Erholungseffekt oder planen schon gar in St. Moritz den nächsten Urlaub.
Selbstliebe ist bedingungslos. Ob du Erster oder Zweiter in einem Rennen bist, entscheidet nicht, wie liebenswert du bist.
Vielleicht hast du diesen Spruch schon einmal gehört: „Viele Menschen benutzen das Geld, das sie nicht haben, für den Einkauf von Dingen, die sie nicht brauchen, um damit Leuten zu imponieren, die sie nicht mögen."
Ich weiß nicht, wer der Verfasser ist. Doch er beschreibt sehr gut die Menschen, welche durch Leistungen und Präsentieren der Ergebnisse geliebt werden wollen.

Mitleidsjäger

Mitleid ist das Methadon der fehlenden Selbstliebe. Dies ist ein Vergleich. Methadon ist ein Ersatzstoff für Drogenabhängige, um von der jeweiligen Droge herunterzukommen.
Wenn Menschen nun die Selbstliebe fehlt, brauchen sie trotzdem das wohlige Gefühl. Ein Ersatzgefühl ist dann das Mitleid.
So sind die Mitleidsjäger Menschen, die dir immer be-

richten wie schwer das Leben ist. Du meinst es dann gut, gibst ihnen eine Schulter oder Ratschläge. Nach dem Gespräch fühlen diese sich dann besser und du meistens etwas platt.
Einige Zeit später wirst du dann von neuen oder auch den schon bekannten Problemen hören. Denn wirklich geändert haben die Mitleidsjäger nichts. Dies ist auch nicht deren Ziel. Sie wollen nur die Ersatzbefriedigung - Mitleid.
Bitte verstehe mich richtig! Ich meine nicht die Menschen, die wirklich in einer Krise stecken und die Meinung eines Außenstehenden wünschen. Ich meine die Art von Menschen, die immer und immer wieder ihre Situation und ihr Leben beklagen und nichts aber auch wirklich nichts ändern wollen.
Falls du solche Menschen in deinem Umfeld hast und du nett und charmant einen Riegel vor solche Gespräche schieben möchtest, dann kannst du ab sofort eine Frage stellen. Die Frage lautet: Was willst du dagegen tun? Egal was der Mitleidsjäger bei dir ausschüttet, du fragst nur noch: „Was willst du dagegen tun?"
Dadurch ist diese Person gezwungen lösungsorientiert zu denken. Genau das will sie ja eigentlich nicht.
Löse dich davon der Drogenhändler für den Ersatzstoff zu sein! Es kostet dich Energie und die Person kann sich nicht entwickeln.

Verknallt sein und Selbstliebe

Warst du schon einmal verknallt? Ich hoffe es.

Was läuft da ab? Wie passiert so etwas?
Du siehst eine passende molekulare Masse. Du siehst jemanden aus deinem Beuteschema. Ich meine eine Person, die du nicht von der Bettkante herunterschubsen würdest. Außer um auf dem Boden weiterzumachen. Du weißt, was ich meine?!
Was passiert nun? Wir heroisieren diese Person. Wir stellen sie auf ein Podest. Wir sehen all das Gute, was da ist. Wir sind kreativ darin, Phantasien zu entwickeln, was wir mit dieser Person erleben und mit ihr anstellen werden. Das Kopfkino ist auf Höchstleistung. Nun kommen die entsprechenden Glückshormone zum Einsatz. Dein Körper produziert Glückshormone, Kuschelhormone und Zusammenbleibhormone.
Wenn es so weit ist, ist solch ein frisch verliebter Mensch in diesem Zeitraum für nichts mehr zu gebrauchen. Seine Gedanken kreisen permanent um die angebetete Person. Bei der Arbeit wird dieser Mensch sich schlecht konzentrieren können. Hat der/die Angebetete schon eine SMS geschrieben? Gedanken um die Eroberung verscheuchen die produktiven Gedanken der Arbeit.
Wenn das Paar zueinander gefunden hat, wird die nächste Verliebtheitsstufe und der damit verbundene Hormoncocktail gezündet. Nun werden lange Gespräche geführt, gefolgt von hoher körperlicher Aktivität. Essen und schlafen werden zur Nebensache.
Wie schon geschrieben, für den Alltag nicht mehr zu gebrauchen.

Selbstliebe und Liebe

Die Grundlage für die Liebe zu einer anderen Person ist die Liebe zu sich selbst. Wie soll es klappen, jemand anderen zu lieben, wenn du dich selbst nicht liebst?
Frage an dich persönlich: Warst du schon einmal so in jemanden verliebt? Wann warst du in dich so verliebt?
Wann hast du das letzte Mal für dich so geschwärmt?
Wann warst du das letzte Mal von dir so begeistert?
Wann hast du das letzte Mal dich selbst angebetet?
Wann hast du das letzte Mal dich selbst so verehrt?
Wann warst du das letzte Mal so fasziniert von dir?

Oft sind wir mit unserem Außen so beschäftigt, dass wir uns keine Zeit für uns nehmen. Das Außen ist wichtiger. Doch nur wer mit sich selbst in einer tollen Beziehung steht, kann es auch mit anderen sein. Planst du schöne Abende zu zweit? Planst du dann auch schöne Abende für dich? Kannst du alleine sein, ohne einsam zu sein?

Übungen

Schreibe bitte 10 körperliche Dinge auf, die du bei jemandem klasse findest/fandest, in den du verliebt bist/warst!

1. ....
2. ....
3. ....
4. ....
5. ....
6. ....
7. ....
8. ....
9. ....
10. ....

Nun schreibe 10 körperliche Dinge auf, die du bei dir klasse findest. Was findest du schön?

1. ....
2. ....
3. ....
4. ....
5. ....
6. ....

7. ....
8. ....
9. ....
10. ....

Schreibe nun bitte 10 Verhaltensweisen auf, die du bei jemandem angehimmelt hast, in den du verliebt warst! Was fandest du süß? Welches Verhalten hat dich zum Lächeln gebracht?

1. ....
2. ....
3. ....
4. ....
5. ....
6. ....
7. ....
8. ....
9. ....
10. ....

Schreibe nun bitte 10 Verhaltensweisen auf, die du bei dir selbst klasse findest!

1. ....
2. ....

3. ....

4. ....

5. ....

6. ....

7. ....

8. ....

9. ....

10. ....

Schreibe nun 10 Dinge auf, die du tust, um einem geliebten Menschen zu zeigen, dass du ihn liebst. Was sind deine Liebesbekundungen? Welche Rituale hast du, um jemandem zu zeigen, dass du ihn liebst?

1. ....

2. ....

3. ....

4. ....

5. ....

6. ....

7. ....

8. ....

9. ....

10. ....

Schreibe nun 10 Dinge auf, die du tust, um dir selbst zu zeigen, dass du dich liebst.

1. ....
2. ....
3. ....
4. ....
5. ....
6. ....
7. ....
8. ....
9. ....
10. ....

Wir spielen das Spiel weiter. Wann verschwindet die Liebe und das Verliebtsein? Was passiert während dieser Zeit?

Meistens wird nun nicht mehr das Positive des geliebten Menschen beachtet, sondern die Dinge die uns an dem/der anderen nicht gefallen.
Wir bemängeln unsere/n Partner/in. Wir finden dies oder das blöd. Oft geht dann der Prozess der Veränderung los. Allerdings nicht der eigenen, sondern der des Partners. Frei nach dem Motto: Wenn du so und so bist, dann kann ich dich lieben.
Häufig entstehen dann Abhängigkeiten, welche das Fundament der Beziehung sein sollen oder auch sind. Hier einige Beispiele für solche Abhängigkeiten:

Er bekommt Sex von mir.
Ich kümmere mich um ihn/sie.
Er/sie ist finanziell abhängig von mir.
Ohne mich ist er/sie aufgeschmissen.

Liebe ist bedingungslos.

Doch die ehrliche Liebe ist bedingungslos. Alles andere ist eine Geschäftsbeziehung.

Jemanden zu lieben heißt, ihn so zu lassen, wie er ist.
Dich selbst zu lieben, bedeutet genau das Gleiche. Liebe dich so, wie du bist. Du brauchst nicht anders zu sein, damit du für dich selbst liebenswert bist.

Die gleichen positiven Dinge, in die wir uns bei jemandem verliebten, verlieren an Bedeutung. Doch halt STOP! Sie verlieren nicht an Bedeutung. Wir schenken ihnen nur keine mehr.

Beachtung bewirkt Bestärkung.

Alles, was du in deinem Leben beachtest, wird stärker. Alles, was du in deinem Leben weniger beachtest, wird schwächer.
Dazu ein Beispiel: Stell dir vor, du möchtest zwei Sportarten gleichzeitig lernen! Nehmen wir mal Golf und Tennis. Wenn du dich mit dem Golfspielen beschäftigst, wirst du darin besser. Doch gleichzeitig ruht dein Tennisspiel. Deine Fähigkeiten bauen sich sogar ab. Nun konzentrierst du dich auf dein Tennisspiel. Du wirst darin besser. Doch gleichzeitig nimmt dein Golfspiel aufgrund mangelnder Übung ab. So geht es hin und her.

Gleiches gilt beim Wahrnehmen eines Menschen. Worauf achtest du? Konzentrierst du dich auf die guten Seiten eines Menschen oder die aus deiner Sicht schlechten Seiten? Und wie ist es bei dir selbst?

Wir haben in Bezug auf die Selbstliebe oft unser Selbstbemängelungsprogramm laufen. Was läuft bei dir so ab?

Stell dir vor, du schaltest auf einen Kanal im Fernseher, welcher dir 24 Stunden am Tag zeigt, wo in Deutschland gerade wieder ein Verbrechen verübt wurde. Also jeder Diebstahl, jede Vergewaltigung, jeder Raub, jede Erpressung, jede Körperverletzung, jeder Betrug - einfach jedes Verbrechen, welches in Deutschland passiert, musst du dir anschauen. Mal angenommen, es ist deine Aufgabe, diesen Verbrechenssender einen Monat lang zu schauen. Denkst du, dass es eine Auswirkung auf dich hat, wie du die Welt siehst? Jede wache Minute siehst du, was Menschen anderen Menschen Schlimmes antun. Denkst du, dass das spurlos an dir vorbeigeht? Wohl kaum, oder?
Stell dir nun noch vor, dass dieser Sender immer läuft! Ja, auch wenn du schläfst, läuft er im Hintergrund. Also sogar wenn du deine Augen geschlossen hast, bekommst du die Verbrechen präsentiert.
Denkst Du wirklich, dass das keine Auswirkung auf dich haben wird?
Jeden Morgen, wenn du die Augen öffnest, beginnt solch ein Sender seinen Dienst. Für diesen Sender brauchst du noch nicht einmal einen Fernseher oder Radio. Denn dieser Sender läuft in dir. Es ist dein persönlicher Selbstlie-

be-Sender. Was wird da so den ganzen Tag präsentiert? Welche Nachrichten laufen dort? Welche Reportagen werden über dich gezeigt?
Das Geniale daran: Selbst wenn du schläfst, hat dieser Sender keine Sendepause. Es gibt kein Testbild. Denn im Schlaf läuft das Programm in deinen Träumen.
Was denkst du so den ganzen Tag über dich? Wie redest du mit dir selbst?

Jetzt kommt noch ein erschreckender Fakt dazu. Wenn du wirklich in einen Fernseher schaust, hinterfragst du ab und zu ja noch die gezeigten Inhalte. So nach dem Motto: Kann das wirklich wahr sein? Bei deinem eigenen Selbstliebe-Kanal hinterfragst du nichts. Du glaubst alles, was du dir selbst sagst.
Wie redest du mit dir? „Ich bin zu doof." - „Ich bin zu blöd." - „Ich bin ein Idiot." - „Ich bin nicht liebenswert." - „Keiner liebt mich. Warum auch?" - „Ich kann, wenn überhaupt, nur mir selbst vertrauen."
Anders als beim Fernsehen besprichst du aktiv mit deinem Bewusstsein dein Unterbewusstsein. Dieses ist kein Entscheidungsorgan, sondern ein Ausführungsorgan. Es führt aus, womit du es fütterst. So entstehen Programme oder auch sogenannte Glaubenssätze in deinem Unterbewusstsein. Diese werden rund um die Uhr gesendet und von dir empfangen.

Ein weiterer Fakt: Wir gewöhnen uns an die schlimmen Nachrichten. Kennst du das auch? Wenn das erste Mal ein große Katastrophe gezeigt wird, sind alle geschockt.

Doch wenn dann vier Wochen lang jeden Tag darüber berichtet wird, stumpfen wir ab. Wir wissen, dass es passiert ist, doch es ist irgendwie normal. Genau so ist es mit unseren Selbstgesprächen. Vielleicht warst du das erste Mal ja noch geschockt, wie schlecht du selbst mit dir über dich geredet hast. Doch wenn du es immer wieder tust, ist es irgendwann normal.

Stell dir mal bitte vor, du redest so mit einem geliebten Menschen, wie du mit dir selbst redest! Würde dieser Mensch sich noch mit dir unterhalten? Würde dieser Mensch dann noch bei dir sein?

Oder anders herum, würdest du einem anderen Menschen gestatten, so mit dir zu reden, wie du selbst es tust? Würdest du drei andere Menschen zum Essen einladen, die so mit dir reden, wie du selbst mit dir redest?

Nur allzu oft trauen wir uns nicht, mit jemand anderem so zu reden, wie wir selbst mit uns sprechen.
Nur allzu oft würden wir es einem anderen Menschen nicht erlauben, so mit uns zu reden, wie wir selbst es tun.

Stoppe den negativen Müll auf deinem Selbstliebe-Kanal!!!

Die Ursache für diese Selbstgespräche liegen häufig in zwei Dingen:
1. Wir glauben den äußeren Einflüssen.
2. Wir haben uns unsere eigenen Fehler nicht verziehen.

Wenn du Lust hast, deine Selbstliebe neu zu entfachen, dann lass uns eine Paartherapie nur mit dir selbst machen! ;-) Wichtig ist dabei, dass du als Allererstes nun die Schuld wegwirfst, die eventuell bei den letzten Zeilen entstanden ist. Vielleicht hast du dich immer mehr in dem wiedergefunden, was ich schrieb. Horch in dich hinein! Was denkst du nun über dich?

Das Wunderbare an deiner eigenen Selbstliebetherapie ist, dass du zu niemandem werden musst, um dich selbst zu lieben. Du musst dich nicht verändern. Du musst nicht an dir arbeiten. Du brauchst auch keine Persönlichkeitsseminare besuchen. Der Weg zur Selbstliebe ist keine Veränderung deiner Person. Denn so wie du bist, bist du liebenswert. Der Weg zur Selbstliebe ist, alles an dir zu lieben. Damit meine ich alle deine Charaktereigenschaften, deinen Körper und dein Denken. Du bist, wie du jetzt gerade bist, ein liebenswerter Mensch.
Dir fällt es wahrscheinlich leicht, deine Stärken und Vorzüge zu lieben. **Doch Liebe ist bedingungslos.** Deshalb liebe auch deine Schwächen!
In dem Augenblick, in dem du alle deine Ecken und Kanten liebst, bist du auch in der Lage, die Ecken und Kanten von anderen Menschen zu lieben. Oft bewerten wir die Dinge an Menschen, die uns nicht gefallen. Doch wenn du nur Menschen liebst, die so sind, wie du dir idealerweise andere Menschen vorstellst, wirst du immer etwas finden, weshalb dieser oder jener nicht liebenswert ist. Genauso ist es dann auch bei dir. Wie habe ich mal

Der Weg der Selbstliebe beginnt mit der Entscheidung, ALLES an dir zu lieben.

aufgeschnappt:

„Lieber ein eckiges Etwas als ein rundes Nichts."

Hast du schon einmal selbst eine Wohnung oder nur einen Raum tapeziert?
Du kennst das vielleicht? Alles läuft super und dann passiert es. Ein kleiner Makel entsteht. Du versuchst auszubessern. Doch es will dir nicht gelingen. Letztlich entschließt du dich, es zu belassen. Es fällt ja bestimmt niemandem auf.
Wie ist es für dich, wenn du diesen Raum betrittst? Kannst du dich an 99 Prozent korrekter Tapezierarbeit erfreuen oder siehst du immer wieder diesen blöden Patzer? Ist dein Fokus immer wieder auf dem einen Prozent Tapezierarbeit, welche dir nicht gelungen ist?

Was will ich damit sagen? Du bist ein toller Mensch mit tollen Eigenschaften und ja es wird auch Makel an dir geben. Eventuell ist es eine Äußerlichkeit (Haare, Falten, dicker Bauch, Winkehängeärmchen oder ähnliches). Vielleicht ist es eine charakterliche Macke, wie z.B. dein Ordnungsfimmel, dein Perfektionsdrang, deine aufbrausende Art oder ähnliches.
Worauf legst du deinen Fokus bei dir? Auf die ganzen tollen Dinge oder auf die Makel? Selbstliebe wird nie entstehen, wenn du im Selbstbemängelungsprogramm bist. Selbst wenn du es wirklich schaffen solltest, diesen Mangel abzustellen, glaubst du dann wirklich, dass die Selbstliebe entsteht? Oder wirst du dir vielleicht einen neuen

Mangel suchen, weshalb du eben doch nicht so toll bist?

Ein kleines Beispiel: Eine Person ist mit einer Äußerlichkeit nicht zufrieden und ist im Selbstbemängelungsprogramm. Sie hat das nötige Kleingeld und sucht einen Schönheitschirurgen auf. Sie lässt diesen vermeintlichen Makel operativ korrigieren. Wird nach dem Eingriff die Zufriedenheit und Selbstliebe in den Menschen einziehen? Wenn dem so wäre, bräuchte diese Person nur eine einzige Operation. Seltsamerweise bleibt es selten bei nur einer OP. Denn nun ist die Lösung doch schnell gefunden.
Doch von einer Schönheitsoperation als Endkonsequenz Selbstliebe zu erwarten, ist schon eine spannende Annahme. Denn nach meiner Meinung geht es bei der Selbstliebe um die Akzeptanz aller Vorzüge meiner Person mit Ecken und Kanten.

Selbstliebe entfalten

Ja, es geht wirklich um Entfaltung im wahrsten Sinne des Wortes. Wenn wir annehmen, Selbstliebe wäre ein Blatt Papier, das immer wieder zusammengefaltet wurde, so kannst du nicht mehr lesen, was darauf steht.

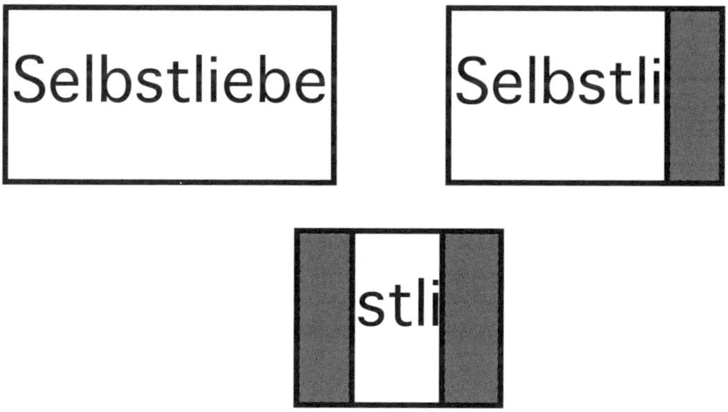

Was bleibt letztlich übrig, wenn du das Blatt Papier immer weiter zusammenfaltest?
Du brauchst nicht nach Selbstliebe suchen. Sie ist immer in dir.
Du brauchst nur den Schleier zu entfernen, der verhindert, dass du sie fühlst.

Der Weg zu Selbstliebe ist nicht hart und beschwerlich. Es ist ein Weg mit vielen kleinen Schritten. Dies ist vergleichbar mit der Metapherfrage: Wie isst du einen Elefanten? Antwort: Stück fur Stück und auf gar keinen Fall in einem Bissen.

Der erste Schritt ist zu erkennen, wie sehr oder wie wenig du dich liebst. Es kann sein, dass es ein bisschen schmerzt, wenn du dir eingestehst, wie wenig du deine Selbstliebe spürst. Bitte mach dir nun keine Vorwürfe, sondern nimm diesen etwaigen Schmerz als Rückenwind.
Der zweite Schritt ist, dass du sofort die Entscheidung triffst, dich selbst zu lieben.
Triff von ganzem Herzen diese Entscheidung. Sprich besser ruf es laut heraus: Ich entscheide mich ab sofort, mich bedingungslos zu lieben.
Ohne diese klare Entscheidung sind die aufgeführten Maßnahmen wirkungslos. Die Wirkung der Maßnahmen ist dann so klein wie ein Medikament, welches du einnimmst und gleichzeitig nicht an dessen Wirkung glaubst.
Also entscheide dich!

1. Empfehlung: Suggestion

Suggestion ist eine Einrede. Wenn du jemandem etwas suggerierst, redest du ihm etwas ein. Das funktioniert nicht nur bei anderen, sondern auch bei dir selbst. Dies ist sogar sehr gut. Denn du bist die einzige Person, dem dein Unterbewusstsein bedingungslos und wertungsfrei folgt. Alles, was du dir selbst sagst, führt dein Unterbewusstsein aus.
Ich höre schon die „Abers“ von dir. Dein Verstand sagt vielleicht gerade: Was soll sich schon ändern, nur weil ich etwas vor mir hersage? Nun ja, wir können drei Wochen, Monate oder gar Jahre damit verbringen, darüber zu dis-

kutieren, ob die Suggestion bei dir selbst klappt oder nicht. Es gibt doch nur einen Weg, der dir zeigt, ob es bei dir funktioniert. Wie findest du raus, ob es bei dir klappt? Leg los! Rede dir einen Monat Dinge ein und fühle in dich hinein! Wenn sich nach einem Monat nichts geändert hat, dann lass es einfach sein. Doch bitte verschenke dieses unglaublich starke, nützliche Tool nicht.
Selbstliebe war von Geburt an in dir. Dann wurde sie dir eventuell ausgeredet. Du hast angefangen zu glauben, dass es nicht normal ist, sich zu lieben. Klappt also irgendwie doch mit der Suggestion. Deine Liebe zu dir selbst wurde dir wahrscheinlich nicht ausgeprügelt. Du wurdest wahrscheinlich auch nicht gefoltert. Du hast wahrscheinlich auch keine Elektrotherapie bekommen, damit du dich nicht mehr selbst liebst. Es wurde dir ein- bzw. ausgeredet. Bitte beachte dabei, dass dies von Menschen getan wurde, die es selbst nicht besser wussten.

Also legen wir los!
Nimm eine bequeme Sitzhaltung ein! Atme drei Mal tief ein und aus!
Sprich dann jeden Satz drei Mal laut aus, dass du dich selbst hörst.

Ich liebe mich.
Ich liebe mich.
Ich liebe mich.
Meine Freiheit ist meine Selbstliebe.
Meine Freiheit ist meine Selbstliebe.
Meine Freiheit ist meine Selbstliebe.

Ich liebe mich bedingungslos.
Ich liebe mich bedingungslos.
Ich liebe mich bedingungslos.
Ich bin großartig.
Ich bin großartig.
Ich bin großartig.
Ich bin ein liebenswerter Mensch.
Ich bin ein liebenswerter Mensch.
Ich bin ein liebenswerter Mensch.
Meine Selbstliebe ist meine Sicherheit.
Meine Selbstliebe ist meine Sicherheit.
Meine Selbstliebe ist meine Sicherheit.
Selbstliebe ist mein Geburtsrecht.
Selbstliebe ist mein Geburtsrecht.
Selbstliebe ist mein Geburtsrecht.
Ich liebe mich, wie ich auch andere liebe.
Ich liebe mich, wie ich auch andere liebe.
Ich liebe mich, wie ich auch andere liebe.

Hier habe ich noch eine besonders befreiende Suggestion für dich:

Liebe Mitmenschen, ihr dürft mich gern verurteilen.
Ich habe mich entschieden, nicht mehr euren
Erwartungen zu entsprechen.
Ich entspreche ab sofort nur noch
meinen eigenen Erwartungen.
Ich habe Stärke und Schwächen
und für all dies liebe ich mich. Ich bin frei.

Die Übung mag dir zu Beginn komisch erscheinen. Eventuell fühlst du dich auch unwohl dabei. Warum? Du sprichst gerade Sätze aus, die gegen dein bisheriges Glaubenssystem sprechen.

Ein guter Vergleich: Stell dir vor, du wurdest dazu erzogen, immer bei Grün über die Straße zu gehen oder jede Rechnung unmittelbar und pünktlich zu bezahlen. Bei Grün gehen und pünktlich bezahlen ist deine Form der Wahrheit und des richtigen Lebens. Nun sollst du sagen, „Ich gehe bei Rot über die Straße“ oder „Es ist egal, wann ich die Rechnungen bezahle.“ Da würde sich auch alles in dir dagegen sträuben. Richtig? Wenn dir immer wieder eingeredet wurde, dass du dich mit Selbstliebe über andere stellst und dass das schlecht ist, dann spürst du nun Widerstände in dir, die oben stehenden Aussagen laut auszusprechen.
Deshalb sprich sie aus! Immer und immer wieder! Irgendwann wirst du feststellen, dass es gar nicht mehr so ungewohnt ist. Und irgendwann ist es dann normal. Danach wirst du die Aussagen aussprechen und fühlen, was du gerade sagst. Erst wird es sich gut anfühlen, danach immer besser. Bis du dann wirklich spürst und voll dahinterstehst, was du gerade sagst. Dann bist du frei.
Was passiert da?

Du hast einen Glaubenssatz zur Selbstliebe in deinem Kopf. Bildlich gesehen ist es eine Box.

Ich liebe mich bedingungslos.
Ich liebe mich bedingungslos.
Ich liebe mich bedingungslos.
Ich bin großartig.
Ich bin großartig.
Ich bin großartig.
Ich bin ein liebenswerter Mensch.
Ich bin ein liebenswerter Mensch.
Ich bin ein liebenswerter Mensch.
Meine Selbstliebe ist meine Sicherheit.
Meine Selbstliebe ist meine Sicherheit.
Meine Selbstliebe ist meine Sicherheit.
Selbstliebe ist mein Geburtsrecht.
Selbstliebe ist mein Geburtsrecht.
Selbstliebe ist mein Geburtsrecht.
Ich liebe mich, wie ich auch andere liebe.
Ich liebe mich, wie ich auch andere liebe.
Ich liebe mich, wie ich auch andere liebe.

Hier habe ich noch eine besonders befreiende Suggestion für dich:

Liebe Mitmenschen, ihr dürft mich gern verurteilen.
Ich habe mich entschieden, nicht mehr euren
Erwartungen zu entsprechen.
Ich entspreche ab sofort nur noch
meinen eigenen Erwartungen.
Ich habe Stärke und Schwächen
und für all dies liebe ich mich. Ich bin frei.

Die Übung mag dir zu Beginn komisch erscheinen. Eventuell fühlst du dich auch unwohl dabei. Warum? Du sprichst gerade Sätze aus, die gegen dein bisheriges Glaubenssystem sprechen.

Ein guter Vergleich: Stell dir vor, du wurdest dazu erzogen, immer bei Grün über die Straße zu gehen oder jede Rechnung unmittelbar und pünktlich zu bezahlen. Bei Grün gehen und pünktlich bezahlen ist deine Form der Wahrheit und des richtigen Lebens. Nun sollst du sagen, „Ich gehe bei Rot über die Straße“ oder „Es ist egal, wann ich die Rechnungen bezahle.“ Da würde sich auch alles in dir dagegen sträuben. Richtig? Wenn dir immer wieder eingeredet wurde, dass du dich mit Selbstliebe über andere stellst und dass das schlecht ist, dann spürst du nun Widerstände in dir, die oben stehenden Aussagen laut auszusprechen.
Deshalb sprich sie aus! Immer und immer wieder! Irgendwann wirst du feststellen, dass es gar nicht mehr so ungewohnt ist. Und irgendwann ist es dann normal. Danach wirst du die Aussagen aussprechen und fühlen, was du gerade sagst. Erst wird es sich gut anfühlen, danach immer besser. Bis du dann wirklich spürst und voll dahinterstehst, was du gerade sagst. Dann bist du frei.
Was passiert da?

Du hast einen Glaubenssatz zur Selbstliebe in deinem Kopf. Bildlich gesehen ist es eine Box.

Dort wurden immer wieder Aussagen reingeworfen, wie z.B.

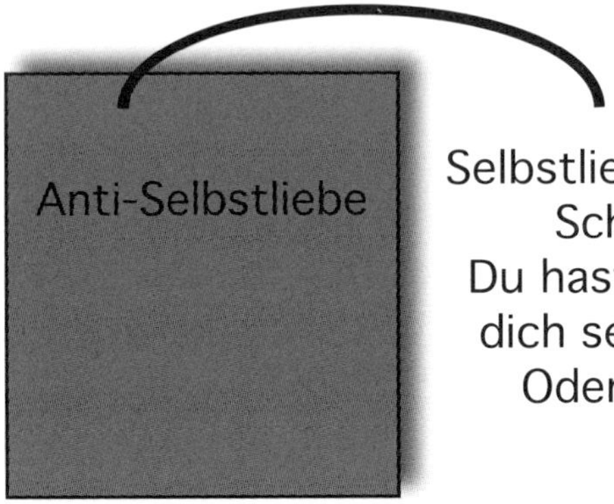

Selbstliebe ist etwas für Schwächlinge.
Du hast keinen Grund, dich selbst zu lieben.
Oder, oder, oder.

Später hast du es irgendwann geglaubt und selbst sogar noch Botschaften hinterhergeworfen.

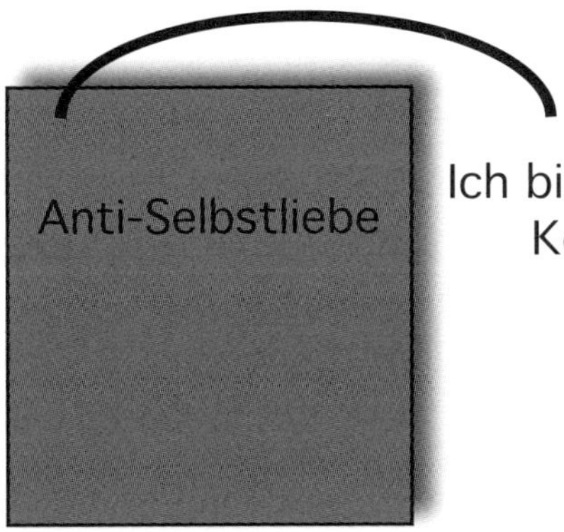

Ich bin nicht liebenswert.
Keiner liebt mich.

Die Box wurde über die Jahre mit Inhalt gefüllt. Dadurch wurde sie immer größer und größer.
In dem Augenblick, in dem du beginnst positive Botschaften dir zu suggerieren, beginnst du eine neue Box aufzubauen. Derzeitig ist sie noch klein.

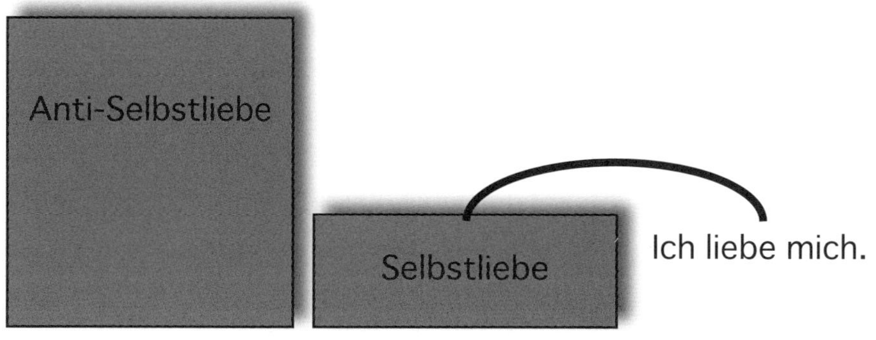

Doch wenn du dabei bleibst und dir immer wieder sagst, dass du dich liebst, wird dein Unterbewusstsein dem Folge leisten. Gleichzeitig wächst deine Box.

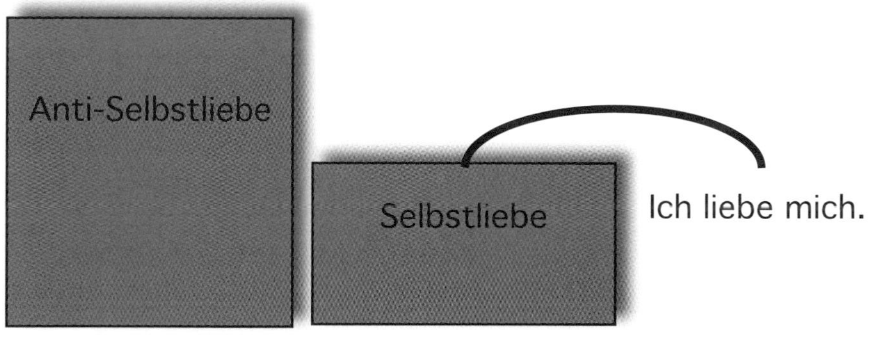

Bedenke wie viele Jahre du die Anti-Selbstliebe Box gefüllt oder füllen lassen hast! Bleibe dran und letztlich wird deine neue Box die alte in den Schatten stellen!

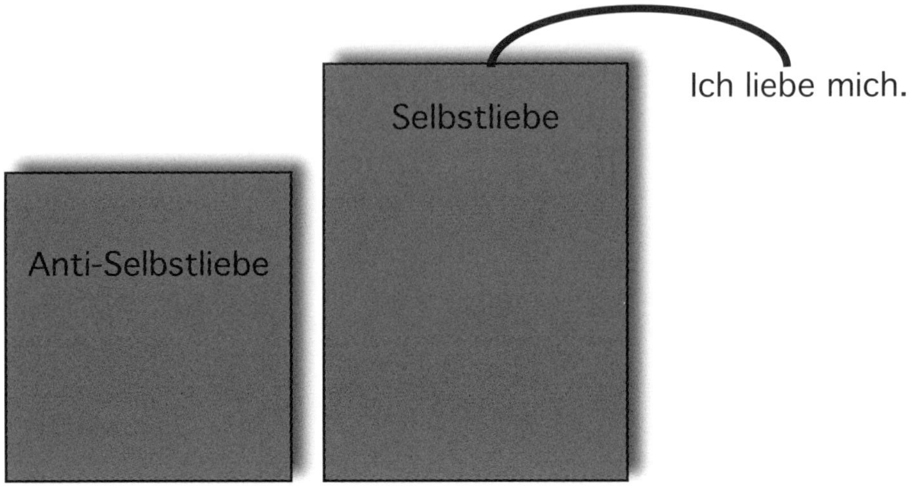

Du wirst selbst spüren, wenn es soweit ist. Denn du wirst fühlen, was du sagst. Stell dir vor, die beiden Boxen sind zwei Feuer. Niemals wird eines davon erlöschen. Doch mit deinen Suggestionen, die ja nur das Feuerholz sind, lässt du ein Feuer wachsen, während das andere immer kleiner wird. Worauf wirfst du täglich dein Feuerholz? In welche Richtung lenkst du deine Gedanken?

Wenn du die Suggestionsübung wie das Zähneputzen zu einem täglichen Ritual werden lässt, wird sich deine Welt ändern, weil du dich änderst.
Du wirst über kurz oder lang andere Menschen in dein Umfeld ziehen. Einige Menschen werden dich verlassen und meiden, da du nun gestärkt bist. Sie fühlen sich dann nicht mehr wohl bei dir. Andere werden deine Nähe suchen, weil es sich gut bei dir anfühlt.

Du kannst die Welt nicht ändern.
Doch du kannst dich ändern.
Wenn du dich änderst, ändert sich deine Welt.

Ich wünsche dir von ganzem Herzen, das du voller Selbstliebe bist. Dadurch wirst du Menschen in dein Leben ziehen, die auch voller Selbstliebe stecken. Wenn du das Gefühl hast, dass das jetzt spirituell klingt, dann antworte ich ganz klar: Ja. Nach meiner Definition geht es in der Spiritualität nur um eines: die LIEBE.

2. Empfehlung: Klebepunkte

Gehe in ein Büroartikelgeschäft und kaufe dir Klebepunkte! Diese sind 0,8 cm bis 1,5 cm groß. Am besten in der Farbe der Liebe. Kauf dir rote Klebepunkte! Klebe sie an Stellen, die du mehrere Male am Tag anschaust!
Hier einige Ideen: Handy (bitte die Rückseite), dein Rückspiegel im Auto (bitte nicht vollständig zukleben), dein Badezimmerspiegel, dein Kühlschrank, in dein Portmonee, in dein Blickfeld, wenn du auf Toilette sitzt, auf den/die Lichtschalter.
Sei einfach kreativ!
Jedes Mal, wenn du nun solch einen roten Klebepunkt siehst, sprich deine Suggestion zu dir selbst, dass du dich liebst. Bitte sage es so laut, dass du dich selbst auch hörst. Gern kannst du dich dabei auch selbst umarmen. Wenn du genügend Klebepunkte verteilst, wirst du dir immer wieder täglich deine Selbstliebe gestehen. Wenn du dann beginnst, auch das zu fühlen, was du sagst, wird es

eine tolle Zeit mit dir selbst werden.
Ach, und habe keine Angst! Es nutzt nicht ab, wenn du es häufig sagst. Eine Liebesbekundung nutzt nur dann ab, wenn du nicht mehr fühlst, was du sagst.

Bei uns im Onlineshop findest du die Klebepunkte. Hier der Link dazu http://bit.ly/selbstliebe-klebepunkte .

3. Empfehlung: Anker setzen

Dies ist eine Möglichkeit, die viele Sportler bewusst oder unbewusst nutzen. Vielleicht sagt dir noch die Becker Faust etwas. Wenn der Tennisspieler Boris Becker einen Punkt erzielte, ballte er seine Faust und winkelte den Arm an. Es war ein Symbol für Sieg. Wenn dieser Anker einmal gesetzt wurde und für etwas Positives stand, konnte der Spieler diese Handlung immer wieder abrufen und der Körper reagierte sofort. Er schüttete Hormone aus, die den Spieler stärker erscheinen ließen. Es schien nicht nur so, sondern er wurde es wirklich. Es konnte ihn sogar in einen Rausch versetzen.
Diese Art des Ankersetzens betreiben viele Sportler. Achte einfach mal auf ihre Siegesrituale!
Genau solch einen Anker kannst du dir auch setzen. Nutze dafür folgenden Turbo, um noch schneller die positive Auswirkung zu spüren. Lass uns deinen Anker der Selbstliebe setzen!

Führe dafür folgende Punkte durch!
1. Schreibe dir fünf tolle Ereignisse aus deinem Leben

auf!
2. Wähle einen Anker aus! So kannst du dir zur Steigerung der Selbstliebe an dein Herz fassen, mit den Fingern schnipsen, den Bauch reiben, die Hände falten oder, oder, oder.

Sofern du dir fünf tolle Ereignisse aufgeschrieben und deinen Selbstliebe-Anker ausgewählt hast, nimm eine bequeme Sitzhaltung ein!

Dann durchlebe das erste aufgeschriebene Ereignis!
Erinnere dich an möglichst viele Details!
Was hast du gesehen? Waren andere Personen dabei? Was hatten sie an? Wie sah die Umgebung aus? Welche Gerüche schwebten in der Luft? Welche Geräusche hast du wahrgenommen? Welche Farben sind dir besonders aufgefallen?

Inszeniere deine Gedanken so bildhaft wie möglich! Stell dir vor, dass du in der Situation bist! Versetze dich so hinein, als ob es genau jetzt passiert!

Mache die Farben noch etwas kräftiger!
Lass die Geräusche noch klarer erklingen!
Lass die Gerüche noch intensiver duften!
Versetze dich hinein, als wäre die Situation gerade jetzt!
Wenn du das Gefühl von damals wieder spürst, dann setze deinen Anker!

Dies wiederholst du für alle fünf Ereignisse!

Je mehr du spürst, was du damals fühltest, desto größer ist die Wirkung deines Ankers. Du kannst dies nun ab sofort in jeder positiven Situation tun. Wenn dir etwas gelingt, setze deinen Anker! Wenn du dich freust, setze deinen Anker! Wenn dir eine Freude bereitet wird, setze den Anker! Lade ihn in jeder positiven Situation auf, wenn es dir gut geht.

Dann gib dem Anker seine Funktion als Selbstliebewecker. Immer wenn du diesen Anker setzt, wird nun deine Selbstliebe wachsen. Immer wenn es dir gut geht, setze den Anker! Du wirst dich gut fühlen und deine Selbstliebe wird wachsen. Doch auch wenn es dir nicht gut geht, setze den Anker und aktiviere deine Selbstliebe.

Egal, ob dir etwas gelingt oder misslingt, du hast es immer verdient, dich selbst zu lieben. Du bist eine einzigartige Sammlung von Fähigkeiten und Eigenschaften. Du brauchst nichts zu leisten. Du darfst nichts tun und dich trotzdem lieben.

Der Anker aktiviert dich, wenn du den Anker aktivierst. Viele Sportler machen dies oft falsch. Sie haben ihre Siegergeste (Anker). Doch wenn sie verlieren, haben sie ihre Verlierergeste, z.B. beim Tennis den Schläger zerschlagen, Kopf runter, hängende Schultern oder Kopf schütteln.
So wie die Siegergeste (Anker) bestimmte Hormone freisetzt und dadurch den Sportler zu großen Taten bringt,

so setzt auch die Verlierergeste Hormone frei und der Sportler gerät in den Strudel des Verlierens.

Sofern du also deinen Anker der Selbstliebe gesetzt und diesen immer wieder gefestigt hast, nutze ihn auch in Situationen, in denen es dir nicht so gut geht.

4. Empfehlung: Vergeben

Du kannst nicht mit dir selbst hadern, dich selbst permanent kritisieren und dann auf Selbstliebe hoffen.
Ich erlebe kaum Menschen, die sich selbst Vorwürfe machen und gleichzeitig voller Selbstliebe stecken. Deshalb ist es wichtig zu vergeben. Es ist nicht nur wichtig, sondern unumgänglich.

Wenn Person A von Person B schlecht behandelt wird, heißt dass nicht automatisch, dass Person A nicht liebenswert ist. Eventuell liebt Person B sogar Person A. Doch sie ist nicht in der Lage, dies anders auszudrücken. Vielleicht auch, weil sie selbst keine andere Liebe erfahren hat.

Person B können deine Eltern sein, dein Partner, dein Lehrer oder andere für dich wichtige Menschen.

***Wie dich Menschen behandeln, sagt nichts darüber aus,
wie liebenswert du bist.
Es sagt wenig über dich, sondern viel über den Anderen aus.***

Das ist so unglaublich wichtige Sätze. Bitte lies ihn noch einmal genau und lass ihn wirken! Lass ihn nachhallen!

Wie dich Menschen behandeln, sagt nichts darüber aus, wie liebenswert du bist. Es sagt wenig über dich, sondern über den Anderen aus.

Beim Vergeben änderst du nichts an der Vergangenheit, sondern an deiner Gegenwart und Zukunft. Es geht nicht darum, mit der Person, die dir etwas angetan hat, ins Reine zu kommen, sondern mit DIR selbst. Vergeben nützt nie der anderen Person, sondern nur dir selbst. Es ist ein egoistischer Vorgang.

Beim Vergeben geht es um Loslassen. Ärger gegenüber sich selbst und anderen loslassen.

Wer am Ärger festhält, entscheidet sich für die Dunkelheit. Selbstliebe und Vergebung sind das Licht. Vielleicht klingt das nun spirituell. Doch ich bin es gern. Der Sinn der Spiritualität ist für mich die Liebe.

Du ärgerst dich stets über Dinge in deiner Vergangenheit. Doch du lebst im Hier und Jetzt. Jetzt kannst du dich lieben.

Das Vergeben geschieht bedingslos wie die Selbstliebe. Es geht dabei nie um Bedingungen wie:
wenn er/sie sich bei mir entschuldigt hat.
wenn er/sie mir den Schaden ersetzt hat.

wenn er/sie mein öffentliches Ansehen wiederhergestellt hat.

Vergeben nützt nur dir selbst, wie auch Ärger nur dir selbst schadet. Denn die Person, über die du dich ärgerst, spürt es meistens gar nicht, dass du dich ärgerst.

Wer sich ärgert, entscheidet sich gegen die Selbstliebe!

Vergib! Entscheide dich dafür! Es ist ein grundlegender Schritt zur Selbstliebe.
Wenn du mit dem Heißluftballon der Selbstliebe aufsteigen möchtest, wirf den Ballast des Ärgers ab!

Während du dich über jemanden ärgerst, hat der grad Spaß mit seiner neuen Partnerin.

Vergib deinem Ex-Partner, deinen Freunden, Kollegen, Chef und allen sozialen Kontakten!
Es ist dabei egal, ob dich dein Ex-Partner betrogen hat, deine (Ex-)Freunde über dich lästern, dein Chef dich ungerechtfertigterweise nicht befördert hat.
All diese Dinge werden sich nicht mehr ändern. Du kannst dich noch jahrelang darüber ärgern. Doch es ändert nichts. Es schadet dir nur und hält deine Selbstliebe fern.
Ich unterscheide vier Gruppen:

1. **Vergib deinen Freunden und Kollegen!**
   Diese Gruppe ist noch die einfachste.
   Bitte vergib den Kollegen, die dich unfair behandelt haben, die dich gemobbt, dich lächerlich gemacht, dir eine Stelle geklaut oder dich eventuell sogar deinen

Arbeitsplatz gekostet haben!
Bitte vergib deinen Freunden, die dich verletzt, dich beleidigt, dich lächerlich gemacht, dir einen Partner ausgespannt oder in sonst einer Art und Weise schlecht behandelt haben!

2. Vergib deiner Familie!

Vielleicht haben dich deine Großeltern gegenüber anderen Enkeln benachteiligt. Eventuell hat dich ein Familienangehöriger geschlagen oder gar Schlimmeres ist passiert. Bitte lass den Ärger los! Er ändert nichts. Du bist nicht schuld an dieser Behandlung.

3. Vergib deinen Eltern!

Sie haben einen besonderen Stellenwert.
„Menschen brauchen vierzig Jahre, um über die ersten sechs hinwegzukommen“ sagte mal ein Teilnehmer zu mir, welcher selbst Psychologe war. Ich finde, dass in diesem Satz viel Wahrheit steckt.
Viele Eltern möchten ihr Wertesystem auf die Kinder übertragen. Sie schauen dabei nicht auf das Wesen des Kindes. Sie konzentrieren sich auf die aus ihrer Sicht schlechten Seiten und wie „man“ zu sein hat. Schau dir an, wie glücklich diese Eltern selbst sind. Eltern, die so erziehen, lieben sich selbst meistens auch nicht.

Der Weg zur Selbstliebe führt durch dein Herz.

Doch die Eltern können häufig gar nichts dafür. Schau dir einfach an, welche Wurzeln deine Eltern hatten und in welchem Alter (Entwicklungsstatus) sie

dich bekamen.
Bitte vertraue mir! Sie haben dich mit der Liebe erzogen, welche sie dir geben konnten. Sie haben dir die beste Erziehung gegeben, die sie dir geben konnten. Es ist völlig sinnlos, dies anzuzweifeln. Bitte glaube mir! Es war nicht mehr möglich.
Sofern dich deine Eltern nicht so erzogen haben oder dir die Liebe gegeben haben, wie du es für richtig hältst – es lag niemals an dir. Du bist ein liebenswerter Mensch. Los, sag es in Gedanken mit: Ich bin liebenswert.

Dazu eine kurze Geschichte. Ich referierte auf einem Kreuzfahrtschiff vor Gästen über dieses Thema. Da kam nach dem Vortrag ein Gast auf mich zu. Wir waren alleine im Workshopraum. Er war Mitte 50 und Tränen kullerten aus seinen Augen. Er fragte: „Was machst du mit mir?"
Ich hatte gar nichts gemacht, sondern nur meine Gedanken über das Thema „den Eltern vergeben" gesprochen. Ich öffnete eine Tür, welche lange Zeit für diesen Menschen verschlossen war. Er erzählte mir seine Geschichte: Als kleiner Junge mit ca. sechs Jahren musste er ins Krankenhaus. Er musste in einem Gipsbett liegen, da er eine Fehlstellung der Hüfte hatte. Das ist wirklich unangenehm und vor allem langwierig. So lag er sechs Monate in einem Gipsbett im Krankenhaus. Zum Glück nicht alleine, sondern mit anderen Kindern. Doch jeden Tag, wenn diese Besuch von ihren Familien bekamen, lag er allein in seinem Bett. Innerhalb von sechs Monaten besuchten ihn seine Eltern nur drei bis vier Mal. Er fühlte sich nicht geliebt.
All dies brach nun wieder aus ihm heraus. Er war sich die-

ser Tatsache nicht mehr bewusst gewesen. Er hatte diesen Schmerz, dieses Trauma heruntergeschluckt. Doch statt es einfach auszuscheiden, rumorte es in seinem Körper.

Er wollte sein ganzes Leben lang seinen Eltern beweisen, dass er liebenswert ist. Er fühlte sich oft getrieben und wusste nie warum.

Wenn seine Eltern dann anriefen und fragten, wann er mal Zeit habe, um vorbeizukommen, reagierte er oft barsch. Familienfeste waren angespannt und nicht mit Freude verbunden.

Dieser Mann erkannte, dass er das Verhalten der Eltern auf sich selbst projizierte. Er fühlte sich nicht liebenswert. Er entschied sich noch in diesem Augenblick, seinen Eltern bedingungslos zu verzeihen. Seine Frau, welche schräg hinter ihm stand, spürte, dass etwas Großartiges im Leben ihres Mannes passiert war. Sie strahlte vor lauter Dankbarkeit.

Ich bin mir sicher, dass nun auch die Beziehung zwischen den beiden eine andere Intensität erreicht hatte.

4. Vergib dir!

Die vierte Person, die Vergebung verdient hat, bist du selbst.

Bitte vergib dir all die verpassten Chancen! Bitte vergib dir die begangenen Fehler!

Bitte vergib dir all die Macken und Ecken an dir!

Bitte vergib deinem Körper, falls er nicht so funktioniert, wie du es dir vorstellst!

Bitte vergib dir, dass du so bist, wie du bist!

> Sich selbst zu vergeben, ist Loslassen. Es gibt kein logisches Argument, am Ärger über die Vergangenheit festzuhalten. Doch es gibt viele Argumente, die dafür sprechen, den Ärger loszulassen. Öffne die Tür für deine Selbstliebe.

Wer beide Hände voll mit Ärger hat, kann sich nie aus Selbstliebe umarmen.

Wie kann Vergeben funktionieren? Wie vergib man eigentlich?
Zum Einen ist Vergebung bedingungslos. Knüpfe dein Vergeben nicht an Bedingungen, die jemand erfüllen muss bzw. die erfüllt sein müssen, damit du vergeben kannst. Hallo!!! Es nützt nur dir, weshalb dann warten? Entscheide dich und vergib!!!

Stell dir doch einfach mal drei Fragen!
1. Ändert es die Situation, dass du dich ärgerst oder wütend bist?
2. Schadet es demjenigen, wenn du dich über ihn ärgerst?
3. Nützt es dir, wenn du dich über jemanden ärgerst?

Ich ärgere mich. Lies es dir genau durch! **Ich** ärgere **mich**. Es ist eine Haltung, welche ich selbst bestimme. Ich entscheide mich dazu, verärgert zu sein. Was bringt dir Ärger über dich selbst? Was bringen dir jahrelange Schuldgefühle über dich selbst?
Wenn du dir nicht selbst vergibst, dich immer wieder über dich ärgerst, Schuld oder andere negative Emotio-

nen empfindest, erschaffst du jedes Mal den Augenblick neu. Du zementierst das negative Gefühl in dir bei jedem Durchleben. Du durchlebst die negativen Augenblicke und noch viel schlimmer, du spürst sie jedes Mal neu. Es ist wie bei einem Albtraum. Das Geträumte ist auch nicht real. Doch dein Unterbewusstsein reagiert darauf real. Es kann nicht unterscheiden. So schlägt dein Herz schneller, du hast einen Druck auf der Brust oder du bist einfach fix und fertig. Dein Körper reagiert jedes Mal real auf einen Albtraum. Wenn du dir nicht vergibst, hältst du an deinem persönlichen Albtraum fest. Die Gefühle sind da und werden immer mehr bestärkt. So minderst du deine Lebensqualität.
Erkenne deine Fehler an! Lerne daraus! Entscheide, was du beim nächsten Mal anders machen wirst. Doch dann lass auch los!
Immer wieder entstehen auch Spiralen der negativen Gefühle. Damit meine ich, dass du dich eventuell ärgerst und dich dann ärgerst, dass du dich über Vergangenes ärgerst, obwohl du es nicht ändern kannst.

Klar kommt es auch bei mir vor, dass ich mich ärgere. Es geht auch nicht darum, dass uns alles egal sein soll. Es geht vielmehr darum, dass wir an dem Ärger nicht festhalten. Nimm die Situation an, ohne alles hinzunehmen! Wer sich selbst liebt, kann nicht durch die Aussagen anderer heruntergezogen werden. Doch die Aussagen anderer sollten dir niemals egal sein. Denn wenn dir die Aussagen egal sind, sind dir auch die Menschen dahinter egal. Ziehe doch folgenden Vergleich: Stell dir vor, du hältst an irgendeinem Ärger, Schuld oder einem anderen negativen Gefühl über dich selbst fest. Jedesmal, wenn du dieses negative Gefühl empfindest, packst du ein Gewicht von 5 kg in einen Rucksack. Wenn du dann wieder das negative Gefühl hast, packst du noch einmal 5 kg dazu. Immer wieder und wieder und wieder. Du wirst irgendwann unter der Last des Rucksacks, den du selbst gepackt hast, zusammenbrechen.

Vergeben ist kein Prozess, der auf Knopfdruck möglich ist. Ich empfehle z.B. den Brief der Vergebung. Dies ist ein symbolischer Akt und legt bei dir einen Schalter um.

Bereite dich darauf vor! Nimm dir Papier und einen Stift zur Hand und plane vor allem Zeit ein! Setze dich entspannt hin und beantworte alle Fragen ausführlich! Dabei ist der Brief der Vergebung personenbezogen. Wenn du dich über mehrere Personen ärgerst, schreibe auch verschiedene Briefe.

Brief der Vergebung

1. Schreibe alles auf, was die Person dir angetan hat!
2. Schreibe alle Auswirkungen auf, welche das Verhalten auslöste!
3. Schreibe auf, dass du der Person bedingungslos vergibst!
4. Schicke den Brief ab!
   Der vierte Schritt lässt dich vielleicht zögern. Doch dieser Schritt symbolisiert das Loslassen.

Ja, schicke den Brief an die Person, die dich ärgerte. Es geht nicht darum, dass die Person sich bei dir meldet. Du tust es nicht für die Person. Du tust es nur für dich. Lass los!

Wenn die Person (z.B. Eltern) schon gestorben sein sollte, schreibe einfach den Namen als Empfänger auf den Brief. Lass dann den Absender weg! Du willst ja schließlich nicht, dass dein Brief zurückkommt. Du möchtest loslassen.
Es ist schon spannend, dass wir uns so manches Mal über Menschen ärgern, obwohl diese noch nicht einmal mehr leben.

Schreibe auch einen Brief an dich selbst. Schicke ihn ab! Du wirst ihn kurz darauf in deinem Briefkasten finden. Nimm dir dann Zeit und lies den Brief ganz in Ruhe durch! Es wird eine Wirkung entstehen, die dich mit dir selbst ins Reine kommen lässt.

5. Empfehlung: Visuelle Suggestionen

Konrad Lorenz soll mal gesagt haben: „Der Mensch ist ein Augentier." Wir nehmen unglaublich viele Reize über unser Auge wahr. Der Großteil ist übrigens unterbewusst. Die bewusste Wahrnehmung ist die gefilterte Information. Wenn alle Reize, welche dein Auge in der Lage ist wahrzunehmen, direkt in dein Bewusstsein gelangen würden, hättest du eine Überreizung und würdest, wie ein PC, der zu viele Infos erhält, festfahren. Dein Unterbewusstsein nimmt jedoch alles wahr. Genau dafür habe ich dir einen Selbstliebe-Suggestions-Film kreiert. Die Länge ist nur eine Minute.

Wenn du ihn dir anschaust, wird dein Unterbewusstsein mit Selbstliebe-Botschaften geflutet. Bitte schaue dir den Film die nächsten 21 Tage morgens und abends einmal an.
Du brauchst nicht jede Botschaft einzeln zu lesen. Es genügt völlig, wenn dein Unterbewusstsein alles aufnimmt. Erinnere dich, es geht darum, die neue Selbstliebe-Box zu füllen und dadurch zu vergrößern.

Auf meiner Internetseite findest du eine Bibliothek. Darin befindet sich dieses Video.

6. Empfehlung: Meditation

Auch wenn du noch nie meditiert hast, lies bitte diesen Punkt bis zum Ende durch. Ich bitte dich darum, da ich selbst meine Abneigung gegen Meditationen hatte. Ich dachte über Meditation, dass es totaler Quatsch sei. Doch ich habe es ausprobiert und bin total begeistert.

Meditation ist ein direkter Weg in dein Unterbewusstsein. Bei einer geführten Selbstliebe-Meditation wirst du dich in kürzester Zeit entspannen. Darüber hinaus verändert sich die Frequenz deiner Gedanken. Du wirst entspannt und gleichzeitig leistungsfähiger.

Ich bin der festen Überzeugung, dass es keine Kriege mehr gäbe, wenn wir ab dem Kindesalter nur 60 Minuten am Tag meditieren würden.

Meditation ist ein Weg zu deinem Herzen.
Meditation ist ein Weg in die Selbstliebe.

Eine geführte Meditation verläuft in mehreren Schritten. Du wirst in die Entspannung geführt. In der Entspannung sind viele deiner bewussten und rationalen Filter ausgeschaltet.
Du erhältst Botschaften, die mit deiner Selbstliebe etwas zu tun haben. Diese fallen wie ein Saatkorn auf fruchtbaren Boden.
Du wirst aus der Meditation hinausgeführt.

Da ich nie eine geführte Meditation für die Selbstliebe gefunden habe, die ich in allen Punkten rundum gelungen empfand, habe ich mich entschieden, selbst eine aufzunehmen. Meine Frau ist eine ausgebildete Yogalehrerin. So habe ich die tollste und professionellste Unterstützung erhalten, die ich mir wünschen konnte. In dem Selbstliebe-Meditations-Hörbuch findest du zwei verschiedene Meditationen.
Die erste Meditation ist eine kurze für zwischendurch. Wenn du in der Mittagspause einmal kurz herunterkommen möchtest, ist diese Meditation ideal dafür geeignet. Die zweite ist eine längere Meditation. Für diese brauchst du etwas mehr Zeit. Meine klare Empfehlung ist: Führe drei Wochen lang jeden Tag die Selbstliebe-Meditation durch. Ja genau, drei Wochen. Du wirst begeistert sein, was dies bei dir auslösen wird.

Du kannst dir natürlich auch andere Selbstliebe-Meditationen beschaffen. Wenn du die von mir angesprochene erwerben möchtest, kannst du dies hier:

Beim **Buchhändler** deiner Wahl mit der ISBN Nummer
978-3-946765-06-6
erhalten.

Du kannst es **in unserem Onlineshop** bestellen. Gib dazu in deinem Browser den Link ein:
www.bit.ly/selbstliebe-hoerbuch ein
Du kannst auch den QR-Code nutzen. Er bringt dich in unseren Onlineshop. Scanne einfach mit deinem Smartphone

Du kannst es **auch bei Amazon** bestellen. Gib dazu in deinem Browser den Link
www.bit.ly/selbstliebe-hoerbuch-amazon ein!
Dafür kannst du auch den QR-Code nutzen. Er bringt dich direkt zur Amazonbesetellseite. Scanne einfach mit deinem Smartphone

Hier kannst du reinhören und einen ersten Eindruck gewinnen.

Link zur Hörprobe:
www.bit.ly/selbstliebe-hoerprobe-youtube

7. Empfehlung: Liste

Bitte erstelle eine Liste! Schreibe 20 Punkte auf, die du an dir liebst! Finde 20 Dinge an dir, die du für liebenswert hältst.

Wende deinen Blick zuerst von deinen Mängeln ab und schreibe alles Tolle an dir auf!

Sofern du diese Liste erstellt hast, beginne eine zweite Liste! Schreibe darin 20 Macken und Ecken von dir auf! Diese sollten dir bewusst sein. Danach entscheide dich, diese Macken an dir zu lieben!

Selbstwert

Lass uns auch hier mit der Definition starten! Dies bringt Klarheit hinein. Nimm das Wort Selbstwertgefühl auseinander! Sich selbst etwas wert zu sein. Soll heißen: Ich fühle mich wertvoll.

In meinen Seminaren frage ich bei diesem Thema immer, wann Menschen ein hohes Selbstwertgefühl haben. Horch mal in dich hinein! Was antwortest du auf diese Frage? Formuliere bitte deine Antworten, bevor du weiterliest! Wann haben Menschen ein hohes Selbstwertgefühl?

....

....

....

Die Aussagen der Teilnehmer sind dann häufig:
Wenn ich Erfolg hatte. Wenn etwas gut lief.
Wenn ich gelobt wurde. Wenn ich Anerkennung bekomme.
Wenn ich geliebt werde.
Wenn ich Applaus auf der Bühne erhalte.

Stimmen diese Antworten mit deinem Denken überein? Mich betrüben diese Antworten. Sie tun mir sogar richtig weh. Denn diese Antworten zeigen mir, wie weit wir uns selbst entrückt sind. Wir sind von unserer Natur weit entfernt.
Natürlich habe ich einmal genauso gedacht. Dieses Denken macht uns klein.
Es heißt doch Selbstwertgefühl. Es heißt eben nicht Fremdwertgefühl. Sofern du deinen Selbstwert von deinem Außen abhängig machst, machst du dich zum Spielball deines Außens. Du bist so leicht manipulierbar. Ich brauche nur noch zu wissen, auf welche Knöpfe ich zu drücken brauche.

Grundannahme:

Ich habe ein hohes Selbstwertgefühl, wenn ich Erfolg hatte.
Was ist mit deinem Selbstwertgefühl bei Misserfolg? Was ist mit deinem Selbstwertgefühl, wenn dir etwas nicht gelingt?

Ich habe ein hohes Selbstwertgefühl, wenn ich gelobt

werde.
Was passiert mit deinem Selbstwert, wenn du kritisiert wirst? Du bist also nichts mehr wert, wenn Menschen dich nicht loben?

Ich habe ein hohes Selbstwertgefühl, wenn ich geliebt werde.
Was passiert, wenn sich die Liebe deines Lebens von dir trennt? Dann bist du nichts mehr wert?

Ich habe ein hohes Selbstwertgefühl, wenn ich Applaus erhalte.
Wie steht es um deinen Selbstwert, wenn du ausgebuht wirst?

Es kann nach reiflicher Überlegung nicht wirklich dein Ernst sein. Dein Selbstwert darf nicht davon abhängig sein, wie dein Umfeld mit dir umgeht. Bitte setze dich mit diesem Gedanken auseinander. Es darf zukünftig nicht mehr dein Glaubenssatz sein! Du bist wertvoll. Du bist eine einzigartige Sammlung von Fähigkeiten und Fertigkeiten. Egal, was andere von dir denken.

Wir machen unser Selbstwertgefühl immer mehr von äußeren Einflüssen abhängig.

Werde unabhängig von deinem Umfeld! Befreie dich! Du brauchst erst einmal nur einem Menschen zu gefallen, und zwar dir selbst! Du bist der wichtigste Mensch in deinem Leben. Eines ist dabei ganz sicher: DU bist wertvoll.

Lass uns kurz über die Entstehung des Selbstwertgefühls nachdenken. Wenn du auf die Welt kommst, fühlst du dich bereits wertvoll. Ein Säugling leidet nicht an fehlendem Selbstwertgefühl. Das entsteht bei den meisten Menschen erst später. Obwohl das auch nicht richtig ausgedrückt ist. Doch dazu später.

Im Alter von 0 bis 2 Jahren spreche ich vom natürlichen Selbstwertgefühl. Du fühlst dich wertvoll. So wertvoll, dass es nicht schlimm für dich ist, wenn andere Menschen ihr Leben ab sofort nach dir ausrichten. Sie dürfen dann mitten in der Nacht aufstehen, um dir etwas zu essen zu geben. Sie dürfen für dich da sein. Es ist dir egal, was andere von dir denken und ob du Umstände bereitest. Du bist einfach da und du bist wertvoll. Übrigens haben deine Eltern dich auch gleich als sehr wertvoll betrachtet, als du auf die Welt kamst. Du hast zu diesem Zeitpunkt nichts geleistet. Du hast einfach nur rumgelegen. Vielleicht noch ein kleines Kackerchen oder so. Doch du hast keinen nennenswerten Beitrag geleistet. Du warst wertvoll und andere Menschen haben dies auch gefühlt. Später dann denkst du, dass du einen Beitrag leisten musst, um wertvoll zu sein. Doch das ist Quatsch.
Im Laufe der ersten zwei Jahre wirst du permanent gefördert. Du wirst angefeuert. Du wirst unterstützt. Du machst deine ersten Gehversuche, fällst natürlich hin und alle ermutigen dich, es wieder zu versuchen.
Alles ist besonders. In meinem Umfeld habe ich einen stolzen Papa eines Babys. Er berichtet mir jedes Mal, was sein Kind alles kann. Letztes Mal sprach er begeistert darüber,

wie sein Sohn mit seiner „Kaufelge“ rumkaute. Das Baby hat noch keine Zähne, deshalb der Begriff Kaufelge. Das Kind isst, oder besser lutscht an einem Apfel, und das ist ein Highlight für den Papa. Das spürt das Kind und das ist auch völlig normal.
Später dann kommen andere Reaktionen der Eltern. Damit ihr Kind geschützt wird, üben sie Fürsorge aus:
Hochmut kommt vor dem Fall.
Das hat aus unserer Familie noch niemand gemacht/geschafft.
Dafür bist du zu jung.

Gleichzeitig lassen die Ermutigungen nach. Der Umgang mit Fehlern wird anders. Die Botschaften haben nicht mehr die Kernaussagen, dass das Kind über allem steht und das Wertvollste ist.
Kennst du z.B. solche Aussagen:
Wenn Erwachsene sich unterhalten, haben Kinder Sendepause.
Seit wann kommt der Berg zum Propheten?
Sei vorsichtig!
Das ist gefährlich!

Schau einfach mal, wie ein Kleinkind ermutigt wird, die ersten Schritte auf den wackeligen Beinen zu versuchen. Wenn dieses Kind dann auf den Hintern plumpst, wird es wieder ermutigt. Wenn nun dieses Kind in der Schule die Note Sechs erhält, wie wird es dann ermutigt? Ist da ein kleiner Unterschied?
Es beginnt eine Konditionierung. Dies geschieht ganz un-

terbewusst. Doch Kinder können dies schwer einschätzen und begreifen. Sie waren Könige und Königinnen. Sie standen im Mittelpunkt. Eine besondere Aufmerksamkeit bekommen Kinder jetzt nur noch, wenn sie etwas Besonderes tun oder leisten.
Wenn das Kind zu Hause ein Instrument übt, ist das sicherlich schön. Doch wenn dieses Kind auf der Bühne steht und vor Publikum ein Lied spielt, kullern bei den Eltern die Tränen. Besondere Leistungen ziehen besondere Emotionen nach sich. Liebe und Zuwendung sind nicht mehr bedingungslos. „Sei lieb, dann habe ich dich lieb!" ist ein Grundgedanke, welcher häufig dahintersteckt.
Ein Beispiel: Wenn ein Kind mit einer guten Note nach Hause kommt, sind die Eltern entzückt. Wenn es eine Eins in einem Problemfach nach Hause bringt, sind die Eltern begeistert. Wenn es eine Sechs nach Hause bringt, erfährt das Kind andere Reaktionen. Dies können alle möglichen Reaktionen sein, doch es ist nicht die gleiche Begeisterung wie bei einer Eins in einem Problemfach. Bei einer Sechs fühlen sich die Kids eh schon nicht gut. Dann kommt die Reaktion der Eltern. Hier noch ein wichtiger Fakt aus unserem Bewusstsein:

Bis zum 12. Lebensjahr ist es für uns nicht trennbar,
ob eine Kritik gegen unsere Leistung oder gegen unsere Person geht.
Wir empfinden alles als gegen unsere Person gerichtet.
Wir nehmen alles persönlich.

Die Sechs ist keine Be-WERT-ung der Leistung, sondern

wird als Bewertung der eigenen Person wahrgenommen. Alles ist persönlich. Junge Menschen müssen erst lernen, zwischen der Kritik an der Person und an der eigenen Leistung zu unterscheiden. Viele Menschen schaffen dies ihr ganzes Leben nicht und nehmen alles persönlich. Diese Menschen denken, dass es für ihr Selbstwertgefühl wichtig ist, was sie tun. Sie kommen vom natürlichen Selbstwertgefühl in das TUN-Selbstwertgefühl. Dies ist auch die zweite Entwicklungsstufe. Sie beginnt ab dem zweiten Lebensjahr und kann das ganze Leben andauern. Es ist auch möglich, dass sich ab dem zehnten Lebensjahr noch eine andere Art von Selbstwertgefühl entwickelt. Doch dazu gleich mehr.

Menschen, die sich im TUN-Selbstwertgefühl befinden, fühlen sich wertvoll, wenn sie etwas vollbracht haben. Die erzeugte Leistung fördert das Gefühl. Ein Misserfolg oder auch schon das Gefühl, den ganzen Tag nichts geschafft zu haben, senkt das Gefühl.
Erinnere dich an die Einstiegsfrage! Welche Antwort fiel dir ein, als ich fragte, wann Menschen ein hohes Selbstwertgefühl haben? Waren es Dinge wie:

- einen Erfolg erzielt haben?
- gelobt werden?
- etwas fertiggestellt zu haben?
- Erster/Bester zu sein?

Wenn dir diese oder ähnliche Antworten einfielen, steckst du mitten im TUN-Selbstwertgefühl. Es ist in der Regel für dein Umfeld leicht, dich zu beeinflussen, da jeder zu jeder Zeit auf dich zählen kann. Dabei beobachte ich immer wieder drei Ausprägungen.

Entweder willst du Ziele erreichen. Sie können selbst gesteckt oder von außen aufgesetzt sein. Auf jeden Fall bist du ehrgeizig und dein Wohlbefinden hängt stark von deiner Zielerreichung ab. Stolz auf das Erreichte kommt dabei in der Regel zu kurz. Denn du hast sofort im Anschluss ein neues Ziel vor Augen.

Die zweite starke Ausprägung ist die Unfähigkeit „Nein“ sagen zu können. Was häufig als hilfsbereit bezeichnet wird, kann hier schnell zur Selbstaufopferung für andere geraten. Eigene Interessen werden hintenan gestellt, um anderen zu helfen. Dies kann im Beruf sein, sodass die eigene Arbeit liegen bleibt oder in Überstunden erledigt werden muss, da während der Arbeitszeit anderen geholfen wird. Meistens ernten auch noch die anderen die Lorbeeren und bedanken sich selten öffentlich bei den Unterstützern. Es ist immer wieder eine Verkettung zu erkennen.

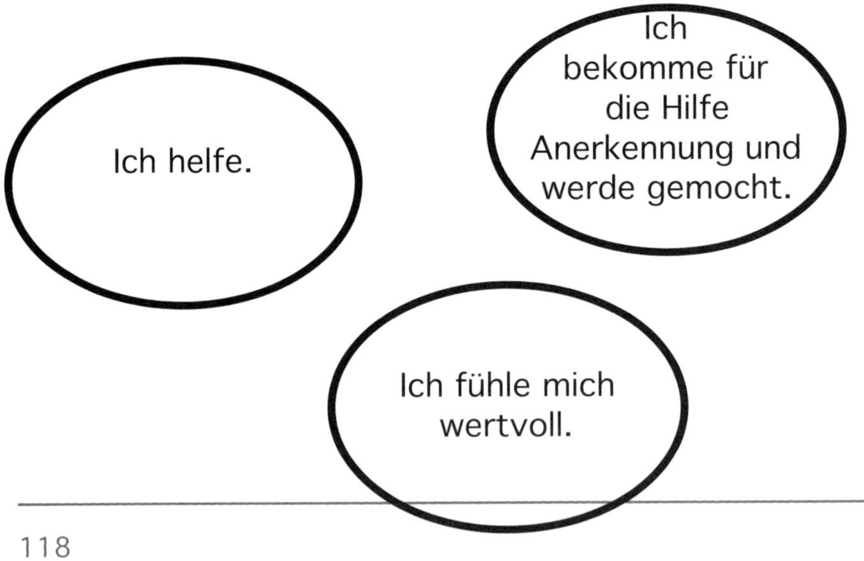

Es gibt bei dieser Verkettung nur einen blöden Nachteil. Die Anerkennung und Dankbarkeit hält meistens nur so lange, wie der Absender braucht, um das Wort danke auszusprechen. Das Aufblitzen des Selbstwertes lässt also schnell wieder nach. Damit sich die Person wieder wertvoll fühlt, gilt es wieder einen Dienst zu leisten.
Im Beruf ist ein häufiges Motto der Führungskräfte: Nicht geschimpft ist genug gelobt. Die TUN-Selbstwertjäger sind also auch noch erfolglos bei dieser Jagd.

Bitte verstehe richtig, nicht jeder Mensch, der hilfsbereit ist, ist im TUN-Selbstwertgefühl. Es sind damit die Menschen gemeint, die helfen und einfach nicht Nein sagen können.

Das Handeln ist nach außen gerichtet. Diese Menschen handeln in Bezug auf ihr Umfeld. Ein Beispiel: Kennst du jemanden, der so redet: „Ich muss noch aufräumen, wir bekommen Besuch“? Achte mal darauf, wie diese Menschen nun die Wohnung auf Vordermann bringen. Häufig ist das Motto: Mach aus einer Wohnung ein Museum. Sie sind wahrlich getrieben. Es ist meistens auch keine gute Stimmung. Es macht nie den Anschein der Freiwilligkeit. Es wirkt eher wie ein Zwang.
Eine andere Art sind Menschen, die so engagiert im Leben sind, dass sie kaum Zeit zum Aufräumen haben. Sie wollen allerdings trotzdem keine Unterstützung von einer Haushaltshilfe. Was soll denn da das Umfeld denken? Etwa, dass sie ihren Haushalt nicht hinbekommen?
Der Fokus bzw. Antrieb bei diesen Personen liegt also im

Außen.

Kennst du den Spruch?

Machste was, dann biste was, dann bekommste was.

Was steckt dahinter? Tun - Sein - Haben.
Wenn du etwas tust, dann wirst du etwas und dann bekommst du etwas.
Ein Beispiel soll uns helfen:
Wenn du deine Berufsausbildung/dein Studium absolvierst, dann bist du eine ausgebildete Person und bekommst auch einen tollen Beruf.
Wenn du dich anstrengst, dann wirst du befördert, dann kannst du dir einen besseren Lebensstandard leisten.

Klingt das nach Freiheit? Klingt das nach natürlichem Selbstwertgefühl? Es ist eine Redensart, die genau aufzeigt, wie ganz tief innen jemand tickt, der im TUN-Selbstwertgefühl verhaftet ist.
Eine andere Betrachtungsweise ist statt tun - sein - haben, besser sein - tun - haben.

Was ich damit meine: Als Erstes sieh dich als etwas. Weil du dieses Etwas bist, deshalb tust du etwas. Weil du etwas tust, bekommst du ganz automatisch.
Sieh dich als etwas! Sieh dich als etwas oder jemand, der du gern sein möchtest.
Arnold Schwarzenegger sah sich schon lange als Mr. Universe, bevor er es war. Weil er sich so sah, hat er etwas

getan. Er trainierte. Weil er trainierte, hat er ganz nebenbei bekommen. Er bekam und bekommt Titel, Geld und Wohlstand. Dann sah er sich selbst als Schauspieler. Deshalb trainierte er nun andere Dinge. Er bekam Angebote, Rollen und Kinoerfolge.
Franz Beckenbauer sah sich als Fußballer. Weil er sich so sah, trainierte er. Seine Eltern wollten eher, dass er etwas „Ordentliches" lernte. Doch sein Herz und seine Leidenschaft hingen am Fußball. So trainierte er und ganz nebenbei bekam er dann Verträge, Geld und den Kaiser Titel verliehen.

Tue nichts, um etwas zu sein! Sei etwas und deshalb tue die Dinge!

Ein Beispiel aus meinem Leben:
Stell dir vor, dass ich auf einer Bühne stehe. Ich halte einen inspirierenden Vortrag. Dafür bekomme ich von den Zuhörern Standing Ovations. Was beklatschen diese? Mich als Menschen? Mich, die Person Gereon Jörn? Nein, sie geben den Applaus für meine Leistung. Ich gestehe, dass so mancher Kollege dies gern verwechselt. Diese brauchen den Applaus, um sich wichtig und wertvoll zu fühlen. Daraus entsteht dann der Narzissmus. Viele Bühnenmenschen, die narzisstisch sind, werden durch diesen Applaus sogar pathologisch narzisstisch. Sie brauchen diese Bestätigung in allen Lebenslagen und wehe, jemand kritisiert sie. Die Kritik geht ja dann nie gegen die Leistung, sondern immer gefühlt gegen die Person.
Stell dir vor, ich stehe auf der Bühne und die Teilnehmer buhen mich aus. Sie kritisieren und vermitteln mir, dass es eine ganz schlechte Vorstellung war. Doch was wird

kritisiert? Werde ich als Person kritisiert oder meine Leistung?
Redner, Musiker oder Schauspieler werden häufig erhöht, weil sie etwas können, wovor andere große Angst haben. Doch die Leistung auf der Bühne sagt nichts, aber auch wirklich gar nichts über den Menschen aus. Das erkennst du daran, was mit vielen Menschen passiert, wenn die Popularität und der Berühmtheitsstatus kommen. Wie viele stürzen dann ab?
Viele Menschen sind auch enttäuscht, wenn sie mit ihrem Idol der Bühne ein persönliches Gespräch führen. Dann erkennen sie, was hinter der Bühnenperformance steckt.

***Ich genieße den Applaus,
doch ich nehme ihn nicht persönlich.***

Horch diesem Satz nach! Ich genieße den Applaus, doch ich nehme ihn nicht persönlich. Ich brauche den Applaus nicht, um mich erfolgreich zu fühlen. Ich gehe auf die Bühne, um etwas völlig anderes zu erreichen. Die Teilnehmer sollen etwas verstärkt tun oder etwas in ihrem Leben ändern. Das ist mein Ziel. Dafür darf ich auch mal nicht nett sein. Die Aufgabe eines Speakers oder Trainers ist es ja nicht zu gefallen. Diese Aufgabe haben eher Politiker, damit sie gewählt werden. Der Trainer steht für etwas anderes. Die Mannschaft soll eine Goldmedaille gewinnen. Dafür darf ich auch mal piksen. Ich darf mal schubsen oder einen blöden unangenehmen Spiegel vorhalten.
Wenn ein Redner mit der gleichen Leidenschaft mit einer Zahnbürste die Toiletten putzt, wie er auf der Bühne ei-

nen Vortrag hält, ist er nicht mit seiner Leistung verheiratet. Dann bestehen gute Chancen, dass dieser Mensch nicht im TUN-Selbstwertgefühl verhaftet ist.

Weshalb erledigst du deine Aufgaben? Weshalb bist du ehrenamtlich engagiert? Weshalb bist du in einem Verein? Weshalb hast du eine leitende Funktion?
Überprüfe deine Antworten! EHRLICH! Haben die Gründe mit dir selbst zu tun oder liegen sie eher im Außen?
Du bist nicht deine Leistung. Du bist auch ohne deine Leistung ein wertvoller Mensch. Akzeptiere es!

Du bist nicht deine Leistung!

Der Marktwert eines Redners sagt nichts über den Wert des Menschen aus. Der Tagessatz eines Speakers ist doch völlig losgelöst von dem Wert des Menschen.

Ab dem zehnten Lebensjahr geraten Kinder vom TUN-Selbstwertgefühl in das HABEN-Selbstwertgefühl. Sie brauchen dann die und die Markenklamotten oder das und das Smartphone, um sich wertvoll zu fühlen. Häufig geht es darum, in der Schule eine Position zu erhalten. Es geht darum, dazuzugehören. Kinder wollen sich wichtig fühlen. Teilweise geht dies auch schon viel früher los. In der Kindertagesstätte brauchen Kinder bestimmte elektronische portable Spielekonsolen, um mit anderen spielen zu können. Wenn sie diese nicht besitzen, sitzen sie eben daneben und können nur zugucken. Beobachte einmal, wie wichtig sich Kinder fühlen, wenn andere ihnen beim Spielen an solch einem Gerät zuschauen. Sie verwechseln dabei wichtig mit wertvoll.

Natürlich klammern sich auch Erwachsene an das HABEN-Selbstwertgefühl. Dann sind es Statusdinge oder eben auch Markenlabels, die gern präsentiert werden.
Wenn ich die oder die Automarke fahre, dann bin ich wertvoll.
Wenn ich dort oder dort Urlaub mache, dann bin ich wertvoll.
Wenn ich die oder die Uhrenmarke trage, dann bin ich wertvoll.
Eine Handtasche von der und der Marke lässt eine Frau sich wertvoll fühlen.

Der Selbstwert definiert sich über den Besitz oder Status. Spannend wird es, wenn sich dann Menschen über den Ruf wertvoll fühlen. Ich habe einen bestimmten Ruf und der macht mich wertvoll. Ich bin eine Marke und deshalb wertvoll. Ich hoffe, dass du beim Lesen schon merkst, wie stark sich diese Menschen einsperren. Wenn dann neben dem Ruf der berufliche Erfolg dazukommt, erhält diese Person auch noch die finanzielle Bestätigung, dass sie wertvoll ist. Was für ein spannendes Hamsterrad. Doch nur von außen betrachtet ist es spannend. Die Menschen, die sich in diesem Rad befinden, müssen immer mehr Erfolg haben, um sich wertvoll zu fühlen.

Niemand wird auf deiner Beerdigung aufspringen und rufen:
„Diese Person hatte ein wirklich tolles Haus in teurer Ge-

gend und ein super Einkommen."

Wir kommen nackt auf die Welt und wir gehen nackt von ihr. Zwischendrin denken wir, dass es unser Besitz ist, der uns ausmacht. Schon spannend, wir Menschen.

Eine andere interessante Erfahrung dazu hatte ich mit einem Kollegen, den ich sehr schätze. Er war als Teilnehmer in einer meiner Veranstaltung. Ich kam auf das Thema Selbstwertgefühl und sprach über die drei Ebenen. Dabei sah ich, wie sich sein Gesicht veränderte und es in ihm zu brodeln begann. Dann endlich hatte er sich gesammelt und sprach: „Es ist für mein Selbstwertgefühl entscheidend, dass ich mich gut kleide. Dann stehe ich da, fühle mich gut und wertvoll. Dann schauen mich die anderen Menschen an, sehen einen gut gekleideten Menschen und geben mir zu verstehen, dass ich toll bin. Dadurch fühle ich mich noch wertvoller. Selbstwert hat auf jeden Fall etwas mit der Kleidung zu tun."
So waren seine Worte. Für mich war es eine spannende Situation. Der Raum voller Teilnehmer und ein erfolgreicher Kollege präsentiert seine Meinung, die völlig gegen meine geht. Zu Beginn meiner Tätigkeit als Redner habe ich solche Situationen persönlich genommen. Ich war gereizt und habe dies auch gezeigt. Gedanken wie: Warum quatscht der mir jetzt rein? Weshalb klärt er das nicht hinterher mit mir? Will er mich jetzt blöde dastehen lassen?
Was hat da in mir gesprochen? Richtig, mein Ego. Ich will wichtig sein und alle sollen gut von mir reden. Doch mitt-

lerweile kann ich sehr gut trennen. Ich fragte ihn, ob er sich nicht mehr so wertvoll fühlt, wenn ich ihm all seine tolle teure Kleidung und seine Uhren wegnehme. Er antwortete ja. Dann fragte ich ihn, ob alle Menschen, die sich keine tolle teure Kleidung leisten können, sich wertlos fühlen. Denn das hieße ja, dass alle Menschen, die sich tolle teure Kleidung leisten können, sich wertvoll fühlen.
Teure Kleidung = hohes Selbstwertgefühl
Billige Kleidung = niedriges Selbstwertgefühl
Er wurde etwas nachdenklicher. Er fing an über sich nachzudenken.

Je mehr wir Gedanken in eine Richtung lenken, desto fester wird unser Glauben.

Wenn du zum ersten Mal einen Gedanken denkst, hat dies in der Regel keine große Auswirkung auf dein Gehirn und deine Glaubenssätze. Es ist vergleichbar mit einer Durchquerung des Regenwaldes. Du schlägst dir mit einer Machete den Weg frei. Du kommst voran. Doch am nächsten Tag ist wieder alles zugewachsen. Wenn du nur einmal im Jahr diese Route nutzt, verwächst alles wieder.
Wenn du den Weg gleich wieder gehst, schlägst du die frisch nachgewachsenen Pflanzen wieder ab. Sie können nicht so schnell nachwachsen. Nun stell dir vor, dass du den Weg stündlich gehst! So wird daraus ein Trampelpfad. Stell dir vor, dass du nun beschließt, den Weg noch besser zu befestigen! Dann wird daraus ein Fußweg. Du kannst nun auch eine Landstraße, eine befestigte Bundesstraße oder letztlich eine Autobahn daraus werden

lassen. So wie eine dauerhafte Nutzung der gleichen Route im dichten Regenwald aus einem Trampelpfad eine Autobahn werden lässt, so kannst du aus deinen Gedanken einen festen Glaubenssatz werden lassen.
So war es auch bei meinem Kollegen. Seine Autobahn war gut zementiert. Er war absolut überzeugt, dass er von Selbstwertgefühl sprach. Er meinte es bestimmt so. Doch in Wirklichkeit sprach er über sein Ego. Diesem gefällt es nämlich sehr gut, wenn andere denken, dass man gut aussieht oder gut wirkt. Ego und Selbstwertgefühl sind zwei verschiedene Dinge. Diese werden gern verwechselt.

Hier einfach mal eine Gegenüberstellung:

	Ego	**Selbstwertgefühl**
Wo aktiv?	In Bezug auf dein Äußeres/ Umfeld aktiv	Hat vorrangig mit deinem Inneren zu tun
Was ist wichtig?	Was andere von mir denken	Was ich von mir denke
Motive	Gut auf andere zu wirken und sich dadurch gut, respektiert z fühlen	Sich selbst gut zu fühlen, nur in Bezug auf sich selbst.
abhängig	Von Gedanken anderer	Von eigenen Gedanken.

Der erste Schritt zur Veränderung ist die Erkenntnis. In diesem Fall erkannte mein Kollege, dass er über Selbstwert sprach und Ego meinte. Das ist keine leichte Erkenntnis. Ich habe auf keinen Fall einen leichten Job. ;-)

Zwei andere Beispiele aus dem Alltag

1. Der verlorene Arbeitsplatz
   Jemand, der seit seiner Ausbildung im Berufsleben steht und permanent im Beschäftigungsverhältnis ist, verliert nach etlichen Jahren seinen Arbeitsplatz. Gerade wenn dieser Mensch sich im HABEN-Selbstwertgefühl befand, fühlt er sich nun wertlos. Dabei hat sich nicht der Wert des Menschen verändert, sondern der berufliche Status. Eine Identifikation über den Job führt zu einem Loch, in das dieser Mensch dann stürzt.
   Ich habe einen Beruf, also bin ich wertvoll. Ich bin arbeitslos, also bin wertlos. Wie häufig erlebst du dieses Denken in deinem Umfeld?

2. Der Partner, der sich trennt
   Wenn Menschen verlassen werden, obwohl sie dachten, das sei jetzt der Partner für den Rest des Lebens, stürzen viele in das Denken, dass sie wertlos seien. Sie haben sich über ihren Partner identifiziert und fühlen sich nun ohne Wert, da sie ja verlassen wurden. Wenn sie schließlich wertvoll seien, dann hätte sich ja der Partner nicht getrennt. Doch der Wert eines Menschen hat nichts mit seinem Beziehungsstatus zu tun.

Das sind sie nun. Unsere drei Ebenen des Selbstwertgefühls.

Natürliches Selbstwertgefühl

TUN-Selbstwertgefühl

HABEN-Selbstwertgefühl

Menschen stecken immer in einer dieser drei Varianten. Dabei gibt es keine Leiter, die erklommen werden muss. Es gibt kein Sich-zu-etwas-hin-entwickeln. Du brauchst nichts Neues lernen. Du brauchst keine zusätzlichen Fähigkeiten. Du brauchst nur das wecken, was in dir schlummert. Du kennst das natürliche Selbstwertgefühl. Jedenfalls hast du damit schon einmal gelebt. Vielleicht kannst du dich gerade nicht daran erinnern. Das ist überhaupt nicht schlimm. Du wirst es wieder wecken. Lass es uns angehen!

Dass Menschen kein Selbstwertgefühl haben, gibt es nicht. Wir haben immer ein Selbstwertgefühl. Wenn es allerdings im TUN oder HABEN steckt und wir unsere selbst gestellten Aufgaben (Ziele erreichen, Besitztümer anhäufen etc.) nicht erfüllen und unseren Selbstwert daran festmachen, dann kann es sich anfühlen, als sei das Gefühl weg. Doch es ist nicht weg. Du hast dir dann nur einreden lassen, dass du nichts wert bist. Nichts wert, weil du bestimmte Dinge nicht besitzt oder nicht erreichst. Doch damit ist nun Schluss.

Frage dich in diesem Zusammenhang doch auch noch einmal, wie du deine Eltern wahrnimmst! Waren diese im natürlichen, im TUN- oder im HABEN-Selbstwertgefühl?
Die wenigsten Menschen stecken noch im natürlichen Selbstwertgefühl. Die meisten sind auf das TUN oder HABEN konditioniert. Was lernen nun Kinder von Eltern, die in solch einem Selbstwertgefühl stecken? Wohin werden diese Kinder sich entwickeln? Kinder lernen gerade in den ersten Lebensjahren nicht daraus, was ihre Eltern ihnen sagen, sondern was ihre Eltern ihnen vorleben. Was wurde dir vorgelebt? Wie sind deine Eltern mit dem Denken der anderen umgegangen?
Liebe Eltern, ihr könnt ja von Respekt reden. Doch wenn ihr keinen Respekt zeigt, wird euer Kind eurem Verhalten folgen und nicht euren Worten.

Der Geldschein

Stell dir bitte folgende Situation vor! Wir stehen uns gegenüber. Ich zeige dir einen 500-Euro-Schein und frage dich, wie viel dieser wert ist. Wie lautet deine Antwort? Natürlich 500 Euro. Wenn ich dich frage, ob du den Schein haben möchtest, was wirst du antworten? Wahrscheinlich ja. Oder?
Stell dir nun vor, dass ich ihn zusammenfalte. Wie viel ist dieser zusammengefaltete Schein wert? Was antwortest du? Natürlich 500 Euro. Möchtest du ihn haben? Wahrscheinlich ja. Oder?
Stell dir nun vor, dass ich den 500-Euro-Schein auf den Boden werfe und darauf rumtrampele! Wie viel ist die-

ser Schein nun wert? Wie lautet deine Antwort? Natürlich 500 Euro. Möchtest du ihn haben? Wahrscheinlich ja. Oder?
Stell dir nun vor, dass ich den 500-Euro-Schein unter meinen Achseln reibe und danach in die Unterhose stecke! Wie viel ist dieser Schein nun wert? Natürlich 500 Euro. Möchtest du ihn haben? Wahrscheinlich erst mal desinfizieren, doch dann wahrscheinlich schon. Oder?
Stell dir nun vor, dass ich diesen 500-Euro-Schein in ein Portmonee stecke, welches selbst 1.000 Euro gekostet hat! Wie viel ist dieser Schein nun wert? Natürlich immer noch 500 Euro. Möchtest du ihn haben? Wahrscheinlich ja. Oder?
Stell dir nun noch als Letztes vor, dass ich diesen 500-Euro-Schein in ein Portmonee stecke, welches mich nur 99 Cent gekostet hat! Wie viel ist dieser Schein nun wert? Natürlich 500 Euro. Möchtest du ihn haben? Wahrscheinlich ja. Oder?

Merkst du es? Es ist egal, wie ich den Schein behandle, er hat immer einen Wert von 500 Euro. Es ist egal, ob ich ihn zusammenfalte, ihn scheiße behandle, auf ihm rumtrampele, ihn in ein teures oder billiges Portmonee stecke, er behält immer seinen Wert.
Bei Menschen denken wir komischerweise anders. Wir sind davon überzeugt, dass wir weniger wert sind, wenn man uns zusammenfaltet, uns scheiße behandelt oder auf uns rumtrampelt. Viele Menschen sind davon überzeugt, dass Menschen mehr wert sind, wenn sie teure Kleidung tragen. Wenn ein Mensch hingegen billige Kleidung trägt,

wird er als weniger wert angesehen.
Wie dich andere Menschen behandeln oder was der Preis deiner Kleidung ist, hat nichts mit dem Wert von dir zu tun. Dein Selbstwert hängt nur von dir ab. Nur du allein entscheidest, für wie wertvoll du dich hältst.

Selbstwert-Test

Wenn du magst, kannst du hier einen Selbstwert Test absolvieren. Diesen entwickelte Morris Rosenberg im Jahr 1965. Es ist die Self-Esteem-Skala. Diese wurde in viele Länder übersetzt und einige tausend Mal durchgeführt. Auf der nächsten Seite findest du die Übersetzung von Prof. Dr. Gernot von Collani und Dr. rer. nat. Philipp Yorck Herzberg. Beides sind Diplom-Psychologen.

Du brauchst dafür nur 10 Fragen spontan zu beantworten.

	trifft gar nicht zu	trifft nicht zu	stimme überein	stimme stark überein
1. Alles in allem bin ich mit mir selbst zufrieden.	❐	❐	❐	❐
2. Hin und wieder denke ich, dass ich zu gar nichts tauge.	❐	❐	❐	❐
3. Ich besitze eine Reihe guter Eigenschaften.	❐	❐	❐	❐
4. Ich kann vieles genauso gut, wie die meisten anderen Menschen auch.	❐	❐	❐	❐
5. Ich fürchte, es gibt nicht viel, worauf ich stolz sein kann.	❐	❐	❐	❐
6. Ich fühle mich von Zeit zu Zeit richtig nutzlos.	❐	❐	❐	❐
7. Ich halte mich für einen wertvollen Menschen. Jedenfalls bin ich nicht weniger wertvoll als andere auch.	❐	❐	❐	❐
8. Ich wünschte, ich könnte vor mir selbst mehr Achtung haben.	❐	❐	❐	❐
9. Alles in allem neige ih dazu, mich für einen Versager zu halten.	❐	❐	❐	❐
10. Ich habe eine positive Einstlellung zu mir selbst gefunden.	❐	❐	❐	❐

Wie wird dieser Test nun ausgewertet? Jede Antwort bekommt Punkte. Die Punktevergabe sieht wie folgt aus:

Frage	Antwort trifft gar nicht zu	triftt nicht zu	stimme überein	stimme stark überein
1	1	2	3	4
2	4	3	2	1
3	1	2	3	4
4	1	2	3	4
5	4	3	2	1
6	4	3	2	1
7	1	2	3	4
8	4	3	2	1
9	4	3	2	1
10	1	2	3	4

Addiere nun alle von dir erreichten Punkte. Das Ergebnis sollte zwischen 10 und 40 Punkten liegen. Es ist allerdings kein klarer Trennpunkt zwischen Selbstwert und nicht Selbstwert definiert. Die Schmitt&Allik Studie von 2005 ergab in 53 Nationen mit diesem Test einen Mittelwert von 30,8.

Sofern du also über 30,8 Punkte erzielt hast, ist dein Selbstwert tendenziell im natürlichen Bereich ausgeprägt. Liegt dein Ergebnis darunter ist eher das TUN- oder HABEN-Selbstwertgefühl ausgeprägt.

Selbstwert entfalten

Was kannst du nun alles tun, wenn du dein natürliches Selbstwertgefühl wiederherstellen möchtest? Dein Selbstwertgefühl hat nur mit dir selbst zu tun. Es bedeutet, dass du dich für wertvoll hältst. Was andere über dich denken, geht dich gar nichts an. Es ist maximal dein Fremdwertgefühl. Hier sind einige Empfehlungen:

1. Nein sagen lernen

Bitte akzeptiere, dass ein Nein, welches du sendest, nie mit der anderen Person zu tun hat. Genau wie ein ausgesprochenes Nein, nie etwas mit dir zu tun hat.

Ein Ja zu einer anderen Person bedeutet häufig ein Nein zu dir selbst.

Gesunder Egoismus bedeutet, dass du an dich denken darfst, ohne ein schlechtes Gewissen zu haben. Wenn jemand auf dich sauer ist, weil du Nein zu etwas sagst, frage dich, ob dir die Gunst dieser Person wichtig sein sollte.

Nein ist ein kompletter Satz und bedarf keiner weiteren Erläuterung.

Wenn jemand sauer ist, weil du Nein sagtest, ist dieser Mensch weniger auf dich und dein Verhalten sauer, sondern darauf, dass er seinen Willen bzw. sein Ziel nicht erreicht.

Bitte verstehe richtig, es geht nicht darum,

überall Nein zu sagen. Doch hinterfrage dich, wann du Ja sagst und Nein meinst. Dein Bauchgefühl gibt dir eindeutig zu verstehen, wann du gegen deinen Instinkt entschieden hast.

Oftmals sind die Menschen, die überall Ja sagen, diejenigen, die sich am einsamsten fühlen. Denn wenn die Ja-Sager Unterstützung benötigen, hat niemand Zeit. Da fällt mir ein Zitat ein, welches ich mal irgendwo aufschnappte:

Everybodys darling is everbodys shit.

Der Verfasser ist mir unbekannt, doch die Aussage ist ganz klar. Wenn du jedem gefallen möchtest, werden dich letztlich alle scheiße finden.

Bitte noch einmal in aller Deutlichkeit, es geht mir nicht darum, nicht hilfsbereit zu sein. Jeder der mich persönlich kennt, weiß, dass ich ein absolut hilfsbereiter Mensch bin. Doch die Steigerung von Hilfsbereitschaft ist Selbstaufgabe. Wo befindest du dich?

Freundschaft benötigt Zeit. Sei dein Freund! Verbringe Zeit mit dir!

Letztlich brauchst du auch Zeit für dich. Sich selbst Zeit schenken, heißt sich selbst wichtig zu sein. Freundschaft benötigt Zeit. Um eine Freundschaft mit dir selbst aufzubauen, benötigst du Zeit und Aufmerksamkeit. Werde dein bester Freund! Schenke dir Zeit! Lerne Nein zu sagen!

Vielleicht fragst du dich, wer die wichtigste Person in deinem Leben sein sollte? Wenn Du dich das fragst, lies das dritte Wort der vorangegangenen Frage! Plane zuerst deine Zeit mit dir selbst! Sei es dir wert! Diese Termine mit dir sind genauso wichtig, wie ein Termin mit deinem Partner, Arzt, Chef oder deinem wichtigsten Kunden. Erst wenn du dich selbst so wertvoll behandelst wie deinen besten Kunden, bist du dir etwas wert.

Nein – Sagen im Beruf:

Stell dir vor, dass ein Kollege oder dein Vorgesetzter dich um etwas bittet! Statt einfach Nein zu sagen, gilt es hier das Nein geschickt zu verpacken. Es bringt ja auch nichts, wenn du dein soziales Umfeld vor den Kopf stößt und letztlich permanent mit dir alleine bist. Hier mal eine Möglichkeit des charmanten Neins:

1. Lob - Zuspruch

   Sehr gern helfe ich dir und unterstütze dich.

2. Argument

   Auf meinem Aufgabenzettel stehen für heute folgende Aufgaben: ...

   Es ist vorhersehbar, das ich alle mir gestellten Aufgaben bis heute Abend in der gewünschten Qualität nicht erledigen kann.

3. Frage

   Möchtest du, dass ich deine Aufgabe nun dazwischen schiebe oder soll ich sie dann morgen erledigen?

andere Alternative

1. Lob

   Toll, dass du damit zu mir kommst.

2. Argument

   Ich arbeite gerade an ... und brauche dafür bis übermorgen Mittag. Dann kann ich mich gern deiner Bitte annehmen.

3. Frage

   Reicht es dir, wenn ich dich übermorgen unterstütze oder möchtest du es dann lieber alleine machen?

Wichtig ist bei jedem Neinsagen, dass du weich zur Person und hart zur Sache bist. Der andere weiß meistens nicht, wie es dir geht oder wie viele Aufgaben du schon auf dem Zettel hast. Lass also deinen Stress/Frust nicht an anderen aus!
Wenn du so lieb Nein zu jemanden sagst und dieser sich dann von dir als Person abwendet, brauchst du kein schlechtes Gewissen zu haben. Du brauchst auch nicht über die Reaktion enttäuscht zu sein. Obwohl Enttäuschung nur bedeutet, dass eine Täuschung endet. Es gibt Menschen, die es nur auf deine Unterstützung anlegen. Sie brauchen dich als Arbeitskraft. Wenn du diese verweigerst, wenden sie sich von dir ab. Meistens allerdings noch mit einem letzten Seitenhieb, dass du dich für die abgebrochene Beziehung schuldig fühlst. Solche Menschen haben sogar eine Bezeichnung. Es sind Psychopathen. Es geht ihnen um Macht und ihr eigenes Vorankommen. Sie saugen dich aus. Wenn du dann nichts mehr zu bieten

hast, ziehen sie weiter. Sofern du im TUN-Selbstwertgefühl steckst, finden sie in dir einen sehr geeigneten Kandidaten. Dir fällt es schwer Nein zu sagen und du fühlst dich selbst besser, wenn du andere unterstützt. Für einen Psychopathen sind das optimale Voraussetzungen. Doch du kannst unendlich viel für diesen Menschen machen, es wird nie genug sein. Du wirst auch durch Aufzählung deiner ganzen Gefälligkeiten diesen Menschen nicht dazubringen, dich als einen tollen Menschen zu sehen. Es geht dem Psychopathen nicht um Gerechtigkeit, sondern um sein eigenes Vorankommen. Wenn er dich lobt, dann nur um im gleichen Atemzug etwas Neues von dir zu erbitten.

Deine Beachtung ist seine Bestärkung.

Hier hilft nur eins: kategorisch Nein sagen und loslassen. Trenne dich von diesem Menschen!

2. Schutzpatron

Du kennst doch bestimmt die volkstümliche Vorstellung, dass ein Engelchen auf der einen und ein Teufelchen auf der anderen Schulter sitzt. Dein Teufelchen verleitet dich immer wieder Dinge zu tun, mit denen du gegen dein Wertesystem verstößt. Als Beispiel mal abends noch Süßigkeiten essen. Dein Engelchen bringt dich immer wieder auf deinen Weg. Es leitet dich deinen Werten entsprechend. So gehst du abends ohne Süßigkeiten ins Bett. Bei Kindern übernimmt die Aufgabe des Engelchens eine Puppe oder ein Teddybär.
Lass uns diese Vorstellung ausbauen – jedoch ohne En-

gelchen und Teufelchen. Wir konstruieren dir nun einen Berater, der dein Schutzpatron ist. Er wird zukünftig ganz sanft und voller Liebe über dich wachen. Er wird jeden Gedanken hören und wenn du gegen den Grundsatz verstößt dein Selbstwertgefühl aufzubauen, wird er dich voller Nachsicht darauf hinweisen.
Dieser Selbstwert Schutzpatron sieht so aus, wie du es dir vorstellst. Es kann ein geduldiger Mönch, ein Happy Buddha, eine weihnachtsmannähnliche Figur, ein sprechender Wal, dein Vater, Mutter Theresa, eine Kindergartenerzieherin oder oder oder sein.
Eine mentale Übung findest du auf dem Hörbuch ...

Wer ist der zukünftige Schutzpatron deines Selbstwertes?

....

Bitte beschreibe das Äußere!

....

....

....

....

Bitte beschreibe die Stimme deines Schutzpatrons!

....

....

....

Was wünscht du dir zu hören, wenn du von deinem Weg zum natürlichen Selbstwertgefühl abweichst? Was wird dein Schutzpatron dir liebevoll sagen?

1. ....

2. ....

3. ....

4. ....

5. ....

In welchen Situation wünscht du dir unbedingt Unterstützung von deinem Schutzpatron?

....

....

....

Ich freue mich, dass ihr euch gefunden habt. Herzlichen Glückwunsch. Dein Buddy ist immer für dich da.

Anfänglich ist er noch etwas klein und leise. Doch er wird wachsen. Je nachdem, wie du ihn fütterst. Seine Nahrung sind deine Gedanken. Wie oft denkst du an deinen Schutzpatron? Seine Farben werden immer intensiver vor deinem geistigen Auge werden. Seine Stimme wird immer deutlicher und klarer, je häufiger er mit dir spricht. Dein Schutzpatron entwickelt sich.

Reserviere dir regelmäßig 10 bis 15 Minuten mit deinem Schutzpatron. Dieser wacht über dich und wird ab sofort immer einschreiten, wenn ihm etwas auffällt. Damit er das besser tun kann, sprich mit ihm in regelmäßigen Abständen!
Dann frage ihn einfach mal einige Dinge!
Lieber Schutzpatron, was ist mir gut gelungen?
Lieber Schutzpatron, in welchen Situation hast du erkannt, dass mein Selbstwert gestiegen ist?
Lieber Schutzpatron, worauf kann ich stolz sein?
Vielleicht fallen dir auch noch ein paar Fragen ein, die dein Schutzpatron dir stellen kann.

Gestalte einen Begrüßungstext für dein Smartphone! Welche Kernbotschaft deines Schutzpatrons möchtest du gern lesen, wenn du dein Display entsperrst bzw. einschaltest?

Eine mentale Übung zur Schaffung deines Schutzpatrons

und eine weitere zur Kommunikation mit ihm findest du auf dem ergänzenden Hörbuch: Selbstwert - mentale Übungen und Meditationen. Die Links zum Erwerb findest du unter 9. mentale Übungen und Meditationen.

3. Suggestionen

Im Kapitel Selbstliebe bin ich auf die Macht und Auswirkung von Suggestionen eingegangen. Wenn das Lesen schon einen Augenblick her ist, lies es gern noch einmal nach. Wir sind die Summe unserer Gedanken. Wir erschaffen mit unseren Gedanken unsere Welt.

Deine Gedanken bestimmen deine Gefühle.
Deine Gefühle bestimmen dein Tun.
Dein Tun beeinflusst deine Resultate.
Deine Resultate erschaffen deine Glaubenssätze.

Deine Gedanken erschaffen nicht die Welt neu. Doch du erschaffst dir deine Welt neu. Durch neue Gedanken wirst du anders sein. Dadurch ändere zuerst deine innere Welt und danach ändert sich deine äußere.

Suggestionen sind ausgesprochene Gedanken. Wenn du jemandem etwas suggerierst, redest du ihm etwas ein. Autosuggestion bedeutet, dass du selbst etwas einredest. Du bist der einzige Mensch, dem du alles glaubst. Du glaubst dir jedes Wort und jeden Gedanken.

Nun gilt es deine positiven Suggestion täglich auszusprechen. Das Wiederholen bestärkt deine positiven Aussagen zum wachsenden Selbstwertgefühl. Du glaubst dir alles. Je häufiger du etwas wiederholst, desto stärker glaubst du daran. Es brennt sich ein. Wie bei einer Schallplatte erzeugst du eine Rille in deinem Gehirn. Dein Box wird größer, größer und größer. Schaffe dir eine tägliche Gewohnheit! Sprich für dich selbst hörbar deine Suggestion aus!

Lies nun für dich selbst hörbar mit!

Ich bin wertvoll.
Ich bin wertvoll.
Ich bin wertvoll.
Ich bin ein wertvoller Mensch.
Ich bin ein wertvoller Mensch.
Ich bin ein wertvoller Mensch.
Ich bin einzigartig.
Ich bin einzigartig.
Ich bin einzigartig.
Ich bin wertvoll, weil es mich gibt.
Ich bin wertvoll, weil es mich gibt.
Ich bin wertvoll, weil es mich gibt.

Nun lege das Buch weg, lies die Botschaften so laut mit, dass du dich selbst hörst. Breite zu beginn jedes Satzes deine Arme aus! Beim Satzende liegen deine Hände auf deinem Herzen.

Wie fühlt es sich an? Nun lass uns in den dritten Gang

schalten!
Lies mit, dass du dich selber hörst!
Führe bei jedem Satz die Hände zum Herzen!
Gib jedem Satz ein Gefühl! Fühle die Aussagen! Spüre deinen Selbstwert wachsen! Empfinde, wie dein natürliches Selbstwertgefühl bei jedem Satz in deinem Herzen wächst!

Ich bin wertvoll.
Ich bin wertvoll.
Ich bin wertvoll.
Ich bin ein wertvoller Mensch.
Ich bin ein wertvoller Mensch.
Ich bin ein wertvoller Mensch.
Ich bin einzigartig.
Ich bin einzigartig.
Ich bin einzigartig.
Ich bin wertvoll, weil es mich gibt.
Ich bin wertvoll, weil es mich gibt.
Ich bin wertvoll, weil es mich gibt.

Führe diesen dritten Gang jeden Morgen und Abend durch! Ja, sprich deine Suggestion zum Selbstwert jeden Tag zwei Mal. Am besten wirken diese auf dein Unterbewusstsein, wenn du fühlst, was du sprichst. Ein Gedanke hat eine unmittelbare Auswirkung auf deine Glaubenssätze. Ein Gefühl hat eine vielfache Wirkung.

Ein etwas radikaler Vergleich: Stell dir vor, dass du mit einer Pistole auf eine Mauer schießt, um den dahinter be-

findlichen Feind auszuschalten. Du kannst allerdings auch eine Kanone nutzen.
Deine Gedanken sind die Pistolenkugeln. Doch dein Gefühl ist eine Kanonenkugel.
Ich werde immer wieder gefragt, ob sich das Gefühl abnutzt. Dies ist eine interessante Frage. Ein Gefühl nutzt nicht ab. Genauso wenig wie ein emotionales Wort abnutzt. Das einzige, was die ausgesprochenen Wörter abschwächt, ist das schwindende Gefühl dahinter.
Kannst du dich noch erinnern, mit welchem Herzklopfen du das erste Mal „Ich liebe dich!“ zu deinem/r Partner/in sagtest? Was ist der Unterschied, wenn du es heute sagst? In der Regel ist der Unterschied nicht, dass du dieses Gefühl nicht spürst, sondern, dass du das Gefühl nicht mehr in dein Worte legst.
Wenn du also deine Suggestion aussprichst, lege dein Gefühl hinein! Sprich liebevoll zu dir selbst. Dein Gefühl beim Aussprechen deiner Botschaften erhöht die Wirkung um ein Vielfaches.

4. Meditation

Entschleunige! Du brauchst kein Ziel zu erreichen! Dein Selbstwert liegt in dir.

Die Meditation hilft dir, dass du aus dem hektischen Alltag wieder in deine Mitte findest. Stell dir ein Pendel vor! Auf der einen Seite ist die Entspannung, die Ruhe und die Klarheit. Auf der anderen Seite ist die Anspannung, die Leistung und der Stress. Wenn ein Pendel nur in eine

Richtung ausschlägt, stimmt etwas mit ihm nicht. Irgendetwas ist kaputt. So ist es auch mit uns Menschen. Wenn wir nur in eine Richtung ausschlagen, dabei ist es egal welche Richtung, geht es uns nicht gut. Es gibt die Zeit für Höchstleistung und die Zeit für die Entspannung. Wenn eines fehlt, kommen wir in ein Ungleichgewicht. Meditieren hilft dir, wieder in die Entspannung zu kommen. Erinnerst du dich an die Einführung? Meditieren bringt dich in den Alpha Zustand. Dies ermöglicht Heilung! Es schafft auch die Grundlage, dass dein Selbstwertgefühl sich entfalten kann. Du kommst zur Ruhe und findest wieder den Weg zu deinem natürlichen Selbstwertgefühl. Dies ist der Hektik des Alltags kaum möglich.

Passend zum Thema Aufbau des eigenen Selbstwertgefühls habe ich geführte Meditationen auf Hörbuch eingesprochen.
Du kannst sie täglich in einer kurzen Pause hören. Es ist auch eine längere Version für ausgiebigere Entspannungen und zum Einschlafen darauf.

Die Links findest du unter dem 9. Punkt mentale Übungen und Meditation.

5. Selbstlob statt Selbstkritik

Dein Selbstwert wird natürlich von deinem Denken und auch von deinem Fühlen über dich selbst bestimmt. Wenn du dich selbst kritisierst und denunzierst, kannst du nicht erwarten, dass dein Selbstwert steigt.

Wenn du dich selbst runter machst, kannst du nicht erwarten dich gut zu fühlen.
Wenn du dich schlecht fühlst, weil du schlecht über dich denkst, ziehst du nicht nur dich runter, sondern auch dein Selbstwert sinkt in den Keller.

Wenn Selbstkritik ok ist,
dann ist es Selbstlob auch.
Lobe dich selbst!

Hier eine Übung dazu! Schreibe 15 Dinge auf, die du an dir selbst magst! Was ist lobenswert? Geh dabei bitte fair mit dir selbst ins Gericht! Es geht nicht darum, besser zu sein. Es geht um Frage, was mag ich an mir? Wenn du nur einen Zahn hast, dann lobe diesen Zahn!

Liste

1. ....
2. ....
3. ....
4. ....
5. ....
6. ....
7. ....
8. ....
9. ....
10. ....
11. ....
12. ....

13. ....

14. ....

15. ....

Die nächste Übung lässt aus den Selbstdenunzierungen Selbstlobe entstehen.

1. Situation

   Schreibe auf in welcher Situation du dich so schlecht verhalten hast, dass du dich selbst kritisieren musst!
   Beispiel: Ich habe in einem Gespräch mit meinem Chef nicht meine Meinung gesagt.

   ....

   ....

2. Selbstkritik

   Schreibe die Selbstkritik auf!
   Beispiel: Ich traue mich eh nie, meine Meinung zu sagen. Außerdem interessiert es sowieso niemanden.

   ....

   ....

3. Positives

   Überlege dir, was trotz allem noch positiv für dich gelaufen ist! Was hat dann doch irgendwie geklappt? Wenn dir nichts einfällt, gehst du schon wieder zu hart mit dir ins Gericht. Schließlich hast du diese Situ-

ation auch überlebt. ;-) Also was hat geklappt?
Beispiel: Letztlich kam es nach dem Gespräch doch nicht so schlimm, wie ich es mir vorgestellt habe.

....

....

4. Eigenlob

Entwickle daraus ein Lob!

Gut war, dass ich ...
Trotz allem habe ich es gut hinbekommen, dass ...
Ich fand klasse, dass ich ...

Beispiel: Gut, dass ich gut zuhören kann.

....

....

5. Verbesserung

Formuliere deinen Verbesserungsvorschlag für eine zukünftige ähnliche Situation!
Beispiel: Beim nächsten Mal zähle ich bis drei und sage dann, dass ich auch etwas dazu sagen habe.

....

....

Es gibt immer mehrere Perspektiven um auf eine Situation zu schauen. Egal, ob du denkst, dass du wertvoll bist oder eben auch nicht, du hast immer recht.

6. Klebepunkte

Schon im Kapitel Selbstliebe habe ich dir die Empfehlung gegeben, dass du Klebepunkte in deiner Umwelt verteilst. Überall dort, wo du täglich hinschaust, sollten Klebepunkte kleben.

Für das Selbstwertgefühl habe ich die Farbe Violett ausgewählt. Beschaffe dir diese Klebepunkte in einem Schreibwarenfachgeschäft oder auf unserer Homepage!

www.bit.ly/selbstwert-klebepunkte

Immer wenn du dann solch einen Klebepunkt siehst, sage dir selbst: Ich bin wertvoll.
Die violetten Punkte helfen dir, dass du dein aktives Denken immer wieder auf dein Selbstwertgefühl richtest.

7. Bewertungen ausschließen

Höre auf dich zu bewerten! Wenn du mal wieder anfangen solltest, dass du dich selbst bewertest und runterziehst, denke bitte eher neutral! Es geht hierbei nicht darum, dass du alles ins Positive kehrst, sondern eher eine neutrale Sichtweise (Vogelperspektive) einnimmst.
Solche Gedanken können z.B. sein:

Das ist ja interessant.

Na das war jetzt ja unerwartet.
Was für eine spannende Situation.

Selbst wenn du dich ertappst, wie du gerade negativ über dich denkst, kritisiere und bewerte dich nicht für deine negativen Gedanken. Ganz nach dem Motto: „Siehst du, du blöde Kuh, noch nicht einmal das Nichtbewerten bekommst du hin.“ Höre auf deine innere Stimme! Was spricht sie in dir? Wenn du dich dabei ertappst, dass du dich selbst mal wieder bewertest, eventuell sogar negativ, dann nimm auch hier eine neutrale Position ein:
Das ist ja interessant. Jetzt komme ich gerade wieder ins Bewerten.
Ach spannend, da bin ich gerade wieder ins Bewerten gekommen.

Merkst du? Du nimmst eine Metaebene ein. Dies ist so, als wenn du aus der Vogelperspektive auf dich und die Situation herunterschaust. Wenn du dich aus der Situation nimmst, bist du weniger betroffen und schon finden in deinem Kopf andere Gedankenspiele statt.

Dies ist übrigens eine mentale Trainingsmethode aus dem Golfsport. Hier kannst du von den Großen lernen. Ein Profigolfer kann es sich auf einer Golfrunde nicht erlauben, sich permanent für einen Fehlschlag zu kritisieren. Wenn ein Golfer damit beginnt, kannst du zuschauen, wie er sich innerlich zerfleischt. Dadurch gerät er in Stress, die Muskeln verkrampfen sich und dann gelingt ihm immer weniger. Wenn du mal ein Turnier im Fernsehen schauen

solltest, achte darauf, wie cool, konzentriert und fokussiert die Spitzensportler sind. Erst wenn der Ball im letzten Loch liegt, kommen die Emotionen aus den Spielern heraus.
Dies gilt übrigens auch für die positiven Gefühle. Natürlich ist es schwer sich bei einem Hole-in-One (mit einem Schlag eingelocht) nicht purzelbaumschlagend wie ein Fünfjähriger zu freuen. Doch selbst gut gelungene Schläge werden von den Spielern sehr cool und locker zu Kenntnis genommen ohne diese überschwänglich zu bewerten.

Das nicht auf den schlechten Schlag konzentrieren, kannst du von den Spitzengolfern lernen. Sie bewerten nicht. Sie beobachten eher von außen die Situation.

8. Akzeptanz der Situation

Wenn du mal wieder spürst, dass es nicht so läuft, wie du es dir vorgestellt hast, entspanne dich! Gerade wenn dein Selbstwertgefühl noch nicht so ist, wie du es dir wünscht, wirst du dir bzw. deinem mangelnden Selbstwert die „Schuld" dafür geben.
Gedanken wie: „Ich bin nichts wert" oder „Ich habe es verdient, dass alle auf mir herumtrampeln" schwirren dann durch deinen Kopf.
Sei dir bewusst, dass solche Gedanken keine Situation verbessern!

Hier ein kleiner Trick, wenn es mal wieder dicke kommt. Betrachte dein Leben von hinten!

Stell dir vor, es ist der letzte Tag in deinem Leben! Du schaust zurück auf dein gesamtes Leben. Glaubst du wirklich, dass die blöde Situation oder Krise, in der du gerade steckst, solch eine massive Auswirkung auf dein Leben hat? Nur die wenigsten Krisen sind so weitreichend. Blöde Situationen haben nicht diese Auswirkung, auch wenn es sich im ersten Augenblick so anfühlt.
Bevor du dich beschimpfst, frage dich lieber, hat diese Situation so eine massive Auswirkung auf mein Leben, dass ich am letzten Tag der Tage mich immer noch darüber ärgern werde?

Nimm dich an, wie du bist! Du bist wertvoll!

9. mentale Übungen und Meditation

Auch für den Bereich des Selbstwertgefühles kannst du ergänzend ein Hörbuch erhalten. Dieses ist randvoll mit mentalen Übungen und geführten Meditationen.

Der Name des Hörbuchs lautet „Selbstwertgefühl - mentale Übungen und Meditationen“.

Du kannst es beim **Buchhändler** deiner Wahl mit der ISBN Nummer

978-3-946765-97-7

erhalten.

Du kannst es **in unserem Onlineshop** bestellen. Gib dazu in deinem Browser den Link ein:

www.bit.ly/selbstwert-hoerbuch

ein!

Du kannst auch den QR-Code nutzen. Er bringt dich in unseren Onlineshop. Scanne einfach mit deinem Smartphone

Du kannst es **auch bei Amazon** bestellen. Gib dazu in deinem Browser den Link

www.bit.ly/selbstwert-hoerbuch-amazon

ein!

Dafür kannst du auch den QR-Code nutzen. Er bringt dich direkt zur Amazonbestellseite. Scanne einfach mit deinem Smartphone

Hörprobe: Hier kannst du reinhören und einen ersten Eindruck gewinnen.

www.bit.ly/selbstwert-hoerprobe-youtube

Selbstbestimmung

Hast du schon einmal den Satz gehört: „Ich folge meiner Bestimmung.“? Was bedeutet das? Menschen, die so etwas sagen, haben das Gefühl, das sie einem Auftrag folgen, der in ihnen schlummert. Vielleicht kennst du diese Aussage auch aus Heldenfilmen: Du musst deiner Bestimmung folgen. Es schwingt mit, dass der Hauptdarsteller sich berufen fühlt, etwas verwirklichen zu müssen. Die Lebensaufgabe ruht also in ihm. Andere reden hier vom Schiksal.
Immer wieder begegnen mir Menschen, die den Sinn ihres Lebens suchen. Selbstbestimmte Menschen suchen nicht nach dem Sinn des Lebens. Sie verleihen ihm einen.

Suche nicht nach dem Sinn deines Lebens, gib ihm einen!

Menschen, die eine hohe Selbstbestimmung haben, geben die Richtung in ihrem Leben vor.

Selbstbestimmung hat nichts mit Selbstständigkeit

zu tun. Selbstbestimmung ist das Gefühl, dass du dein Leben selbst regelst. Eventuell denkst du jetzt, dass ich mal deinen Chef kennenlernen sollte. Doch ganz ehrlich: Wer hat sich den Job ausgesucht? Wer entscheidet sich jeden Tag wieder, in diesem Job zu arbeiten?

Das schreibt sich leicht aus der Ferne. Oder? Doch ganz ehrlich: Du sitzt bereits am Steuerrad deines Lebens. Jetzt ist es nur noch wichtig den eigenen Kurs auszuwählen. Das ist für viele Menschen eine Herausforderung. Es ist natürlich leichter, einem vorgegebenen Kurs zu folgen. Doch dies hat nichts mit Selbstbestimmung zu tun.

Du brauchst nicht nach einer Bestimmung oder einem Sinn für dein Leben zu suchen. Gib deinem Leben eine Bestimmung! Gib deinem Leben einen Sinn!

Ein Beispiel soll uns helfen. Das Gegenteil von Selbstbestimmung ist nicht keine Selbstbestimmung, sondern Fremdbestimmung. Irgendjemand bestimmt immer über dein Leben. Entweder bist du dieser Jemand oder eine andere Person.
Sieh es wie einen Graphen!

Selbst-
bestimmung .... Fremd-
bestimmung

Wohin tendierst du? Welches Gefühl hast du, wenn du dein Leben mal als Außenstehender betrachtest? Fühlst du dich selbstbestimmt oder eher fremdbestimmt? Wo darfst du dein Kreuz machen? Setze es ruhig! Welches Leben lebst du, ein selbst- oder fremdbestimmtes? Es spielt überhaupt keine Rolle, wo du heute dein Kreuz setzt. Viel wichtiger ist, wo du morgen dein Kreuz setzen wirst.

Selbstbestimmung vs. Stress

Hier mal ein wichtiger Fakt, der für ein selbstbestimmtes Leben spricht!

Du lebst entspannter!
Je selbstbestimmter du lebst, desto entspannter bist du. Glaubst du nicht? Hier mal eine einfache Grafik, die das darstellt, was ich behaupte.

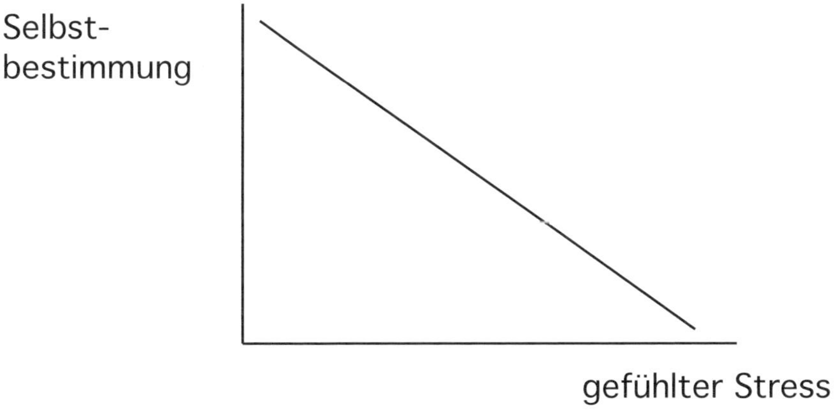

Je mehr das Gefühl hast, dein Leben selbst steuern zu können, desto wohler wirst du dich fühlen. Viele Menschen, die sich entschließen, die Führung zu übernehmen, sprechen von einem befreienden Gefühl, als sie sich dazu entschieden. Es ist eine Last, die von den Schultern fällt. Häufig haben Menschen Angst vor der Unsicherheit, die die Selbstbestimmung mit sich bringt. Alle Entscheidungen müssen nun selbst getroffen werden. Dabei gibt es wirklich keine Sicherheit, was richtig oder falsch ist. Doch mal Hand aufs Herz, fühlt es sich wirklich besser an, wenn andere entscheiden, wie du dein Leben leben sollst? Natürlich gibt es dabei immer jemanden, auf den du sauer sein kannst, weil du nicht die Dinge erreichst, die dir wichtig sind. Den gibt es in der Selbstbestimmung nicht. Da kannst du nur auf dich selbst sauer sein. Doch du kannst dann auch sofort etwas ändern.

Was passiert in der Fremdbestimmung mit dem gefühlten Stress?

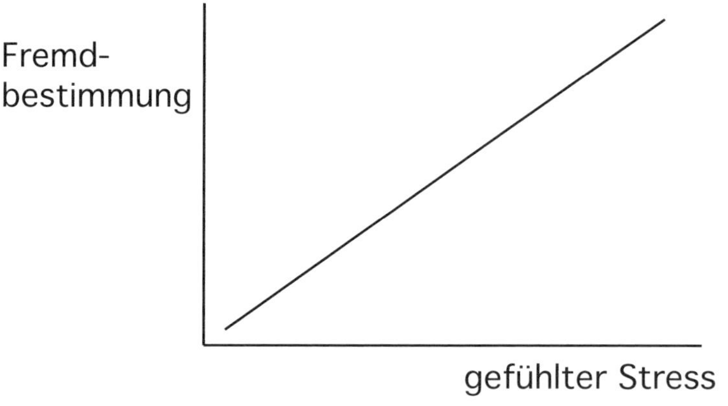

Das mal auf dein berufliches Leben bezogen: Wenn du hart für etwas arbeitest, was dir egal ist, ist das Stress. Wenn du hart für etwas arbeitest, wofür du dich entschieden hast, entsteht Leidenschaft.

Frage dich, welches Leben du leben möchtest!

Ein Leben voller Stress = Fremdbestimmung
Ein Leben in Leidenschaft = Selbstbestimmung

Selbstbestimmung entspannt. Dies gilt auch für Menschen im Angestelltenverhältnis.

Da es förderlich für die Gesundheit ist, selbstbestimmt zu leben, habe ich mich entschieden, über mein Leben selbst zu bestimmen.

Selbstbestimmung macht Sinn!
Wenn du in deinem Leben deine Grundbedürfnisse (Wohnen, Essen, Schlafen, Fortpflanzung etc.) befriedigt hast, kommt irgendwann die Frage nach dem Sinn. Noch vor Kurzem hieß dies umgangssprachlich: Midlifecrisis. Auf deutsch Lebensmittekrise. Dies fühlen Menschen, die aus dem „Gröbsten“ raus sind. Die Haken sind gesetzt

☑ Wohnsituation geklärt
☑ Beziehung im vernünftigen Fahrwasser
☑ Kinderfrage geklärt bzw. Kinder aus dem Gröbsten raus
☑ Einkommen sicher

Nun kommt die Frage nach dem: Das soll es gewesen sein? Was jetzt?
Für viele Menschen kommt nun die Religion oder Spiritualität, ein neues Hobby, eine Affäre oder eine andere Ablenkung im Außen.

Doch du brauchst nicht nach dem Sinn deines Lebens zu suchen. Gib ihm einen! Gib deinem Leben einen Sinn! Es gibt zwei wichtige Tage im Leben eines Menschen. Der erste Tag ist der Tag seiner Geburt. Der zweite Tag ist der Tag, an dem er herausfindet, warum er geboren wurde. Irgendwann kommt die Frage nach dem Wofür. Wofür bin ich auf der Welt? Welchen Beitrag leiste ich?

Du gibst den Kurs deines Lebens vor!
Wenn dein Leben mit einer Schifffahrt verglichen wird, wer möchtest du sein?
Der Kapitän, der den Kurs vorgibt und bestimmt, wo es hingeht?
Der Maschinist, der die Befehle des Kapitän befolgt und dafür sorgt, dass die Maschine auch gut funktioniert?

Wer möchtest du sein: Kapitän oder Maschinist? Beides sind tolle Berufe. Doch nun geht es um dein Leben. Wer möchtest du sein? Triff eine Entscheidung und schreibe deine Wahl auf!

Ich bin der/die .... meines Lebens.

Wie fühlt es sich an, diese Entscheidung zu treffen? Ab heute wirst du dir selbst überlegen, was du möchtest. Da bedeutet nicht, dass du nur noch tun kannst, was dir Spaß macht. Doch alles, was du tust, hat nun einen anderen Sinn für dich.

Vielleicht hast du es schon einmal gehört, wenn über

Selbstständige folgende Aussage getroffen wird: Die wissen, wofür sie arbeiten gehen.
Doch was heißt das? Zum einen glaube mir, dass viele Selbstständige auch nicht wissen, wofür sie arbeiten gehen. Antworten sind hier häufig auch: um meine Rechnungen bezahlen zu können oder für das Finanzamt. Zum anderen sei doch mal die Frage gestattet, weshalb sollen Selbstständige das wissen und Angestellte nicht? Eventuell liegt es daran, dass viele Menschen sich für einen Job bewerben, um einen Job zu haben. Sie überlegen weniger, welchen Sinn sie ihrem Leben geben wollen bzw. welchen Beitrag sie leisten wollen. Sie wollen einfach nur einen Job.

Auch wenn ich die bisherigen Ausführungen immer auf den Beruf bezogen habe, gilt dies natürlich auch für alle anderen Lebensbereiche.

Du lebst zielorientiert!

***Um zu erreichen, was du willst,
musst du wissen, was du willst.***

Wie willst du erreichen, was du willst, wenn du nicht weißt, was du willst? Wenn du allerdings Menschen fragst, was sie wollen, antworten sie dir häufig, was sie nicht wollen.

Was willst du? Ich will nicht arm sein. Das habe ich nicht gefragt. Ich fragte, was du willst. Ich will nicht alleine sein. Das will ich doch gar nicht wissen. Ich möchte nicht hören, was du nicht willst. Ich möchte erfahren, was du willst. Mach dieses Experiment in deinem Umfeld. Frage mal deine Mitmenschen, was sie mittelfristig im nächsten Jahr und langfristig in den nächsten fünf Jahren erreichen wollen. Höre mal zu! Die wenigsten Menschen wissen, was sie wollen, aber die meisten Menschen wissen, was sie nicht wollen.

Die wenigsten Menschen machen sich Gedanken, was sie in ihrem Leben erreichen wollen. Der Urlaub wird daher meistens besser durchgeplant als der Rest des Lebens. Glaube mir, ich bin immer wieder auf den AIDA Schiffen aktiv. Hier erlebe ich, wie weit im Voraus schon die Reisen und die Ausflüge an den Hafentagen gebucht werden. Die Kreuzfahrten sind meistens perfekt vorbereitet. Ich frage gern mal nach, wie der Alltag geplant ist und was darin die nächsten Ziele sind.

Wie schaut es bei dir aus? Hast du Ziele für dein Leben?

Unser Leben umfasst in der Regel fünf bis sechs große Lebensbereiche.

1. Gesundheit
Hier fällt alles hinein, was mit deinem Körper zu tun hat. In welchem Gesundheitszustand befindest du dich? Darüber hinaus spielen deine Vitalität, dein Gewicht, deine Ernährung, dein abgerufenes Leistungspotenzial eine Rolle.

2. Liebe

Damit ist deine Partnerschaft und deine Liebe zu dir selbst gemeint.

3. Familie
Dazu zählen alle Familienangehörige.

4. Freunde und soziales Umfeld
Neben deinen Freunden gehören hier noch deine Hobbys hinein. Womit verbringst du deine Freizeit? Hierzu zählt auch der Verein, in dem du vielleicht Mitglied bist. Der Fernseher und auch deine Wohnsituation einschließlich Nachbarn sind in diesem Bereich enthalten.

5. Beruf
Damit ist natürlich dein Job mit allem, was dazugehört gemeint: Inhalte, Aufgaben, Kollegen, Kunden und Vorgesetzte. Darüber hinaus auch dein Einkommen und dein finanzieller Wohlstand.

6. Spiritualität
In diesen Lebensbereich fällt z.B. der Glaube an etwas Höheres hinein. Dies können Religionen und Götter sein. Auch das soziale Engagement, dein Lebensglück, deine Angstfreiheit und deine Selbstverwirklichung gehören dazu.

Wie schaut es mit deinen Zielen bzw. Absichten in diesen Bereichen aus? Hast du welche? Bist du aktiv und führst damit ein selbstbestimmtes Leben? Oder nimmst du eher daran teil?

Wenn ich nun über Ziele und selbstbestimmtes Leben schreibe, meine ich damit immer alle sechs Bereiche.
Ich erlebe häufig Menschen, die beim Thema Ziele frustriert sind. Dies liegt häufig daran, dass sie damit immer wieder im Berufsleben konfrontiert wurden. Es waren dann meistens keine eigenen Ziele, sondern Ziele, welche von außen auferlegt wurden. Damit sind wir wieder beim Gefühl der Fremdbestimmung. Permanent für Ziele anderer Menschen zu arbeiten, diese dann nicht zu erreichen und keine Genugtuung beim Erreichen zu fühlen, führt zu Stress. Deshalb möchte ich nun mit dir über deine eigenen Ziele nachdenken. Wir arbeiten immer für Ziele, entweder für die eigenen oder die eines anderen.

Du arbeitest immer für Ziele. Entweder für deine eigenen oder die eines anderen.

Nicht alle Menschen, die Ziele haben, sind beruflich erfolgreich. Doch alle beruflich erfolgreichen Menschen haben Ziele. Bitte denke über deine Ziele in allen Lebensbereichen nach! Es fällt dir wahrscheinlich schwer, deine Ziele in den Bereichen zu benennen. Doch genau darum geht es bei der Selbstbestimmung. Mir begegnen immer mal wieder Menschen, die behaupten, dass sie sich absichtlich keine Ziele setzen, um sich treiben zu lassen. Wenn das dann bedeutet, dass diese Menschen mit allem, was passiert, glücklich sind, dann ist es doch super. In der Regel sind die Menschen es eher nicht.

Größe der Ziele

Ich stelle immer wieder die Frage in meinen Events: „Wie groß sollte ein Ziel sein?“ Die Antworten lauten dann häufig „realistisch“, „erreichbar“ oder „vorstellbar“. Wie denkst du persönlich darüber? Wie groß sollte ein Ziel sein?

Ich bin ein Freund der großen Ziele. In dem Augenblick, in dem du dir ein Ziel steckst, solltest du dich davor erschrecken. Wenn du dir ein Ziel steckst, bei dem du gleich weißt, wie du dahin kommst, dann hast du dir kein Ziel gesteckt, sondern eine Absicht erklärt. Wenn du beim Ziele setzen schon weißt, wie der Weg dorthin sein wird, ist das Ziel zu klein. Wenn dir sofort das Wie klar ist, dann bleibst du in deinem bisher genutzten Potenzial. Du brauchst nicht den kompletten Weg zur Erreichung erkennen. Wenn du in Hamburg mit einem Auto losfährst, müssen die Scheinwerfer dir auch nicht den ganzen Weg bis nach München ausleuchten. Es reichen immer die unmittelbaren nächsten 100 m.

Die fällt nur ein Ziel ein,
zu dem die Erfüllung bereits in dir liegt.

Es werden immer Abweichungen erzielt. Doch ein Ziel lässt uns starten.

Ich erreiche lieber 80 Prozent von einem großen Ziel als 100 Prozent von einem kleinen. Setze dir große Ziele! Sie sollten dich im Moment des Setzens erschrecken. Du darfst auch zu Beginn Ehrfurcht haben, vielleicht auch ein wenig Angst. Doch wenn du schon Zeit in dich investierst und dir ein Ziel setzt, dann setz dir ein großes. Du hast es verdient. Du wirst dich später ärgern, dass du dir nichts Größeres vorgenommen hast.

Warum keine Ziele?

Warum setzen sich so wenig Menschen Ziele und noch weniger Menschen ein großes?

Grund 1: Die Angst vor dem Scheitern

Wir wollen nicht versagen und setzen uns erst gar keine Ziele.
Was sollen andere über uns denken, wenn es nicht klappt, was wir uns vornehmen? Wie stehen wir dann da?
Was passiert, wenn wir einen Fehler machen? Nun es kommt darauf an, was ein Fehler für dich bedeutet. Für einige Menschen ist es eine Niederlage und ein Scheitern. Für andere ist es hingegen eine Lernerfahrung. Sortiere doch einfach mal die Buchstaben des Wortes Fehler neu!

Du brauchst nur die Hälfte der Buchstaben vertauschen und schon erkennst du eine neue Bedeutung. Sie sind für mich Helfer. Jeder Fehler hilft mir den Weg zu finden, der funktioniert. Niemand macht etwas falsch, sondern wir finden Wege heraus, die nicht funktionieren. Genau das verhilft uns zu Wegen, die funktionieren.

Mache Fehler und lerne daraus!

Du brauchst Fehler. Jeder Erfolgreiche macht Fehler. Zögern aus Angst einen Fehler zu machen, lässt dich langsam werden. Doch du brauchst die Fehler. Es ist dabei natürlich wichtig, nicht jeden Fehler drei Mal zu machen. Mache Fehler und lerne daraus! Egal, was du beginnst, du wirst immer Fehler machen. Es gibt nur zwei Formen des wirklichen Scheiterns:

1. Nie die ersten Schritte gegangen zu sein.
2. Hinfallen und liegen geblieben zu sein.

Du machst keine Fehler! Du machst Lernerfahrungen. Wenn du dein ganzes Leben danach ausrichtest, was andere von dir denken, lebst du deren Leben, doch nicht dein eigenes. Doch eine Person bleibt auf der Strecke: Du!

Du hast nur das eine Leben! Es gibt kein zweites im Kofferraum. Das hier ist keine Generalprobe! Es ist deine Uraufführung!

Lerne deine Fehler zu lieben! Umarme deine Fehler! Sie sind deine Helfer um den richtigen Weg zu finden.

Grund 2: Nie gelernt, warum es wichtig ist, sich Ziele zu setzen

Vielleicht geht es dir da so wie mir. Meine Eltern haben mir nicht beigebracht, dass es wichtig ist, sich Ziele

zu setzen. Das war keine bewusste Verheimlichung. Es geschah aus der Unkenntnis heraus, dass Ziele wichtig sind.
Wenn Eltern selbst ohne eigene Ziele leben, transportieren sie diesen Wert natürlich auch an ihre Kinder weiter. Dies hat nichts mit Boshaftigkeit zu tun, sondern es geschieht aus der vollsten Überzeugung, dass alles so richtig ist. Deine Eltern haben dich nach bestem Wissen und Gewissen erzogen. Sie haben dir die Erziehung gegeben, zu der sie fähig waren.
Erziehung ist vorleben. Das was Kindern gesagt wird, ist eher unwichtig. Was Eltern vorleben, hinterläßt einen viel größeren Eindruck.
Haben sich deine Eltern Ziele gesetzt? Hast du mitbekommen, dass sie für eigene Ziele gelebt haben?

Grund 3: Du hast nie gelernt, wie es geht

Eventuell haben deine Eltern zielbewusst gelebt. Haben sie dir dann auch gezeigt, wie du dir Ziele setzen kannst? Warst du offen dafür?
Sehr häufig werden aus meiner Sicht Wünsche und Träume mit Zielen verwechselt. Wünsche und Träume fallen für mich in die Kategorie gute Vorsätze. Du kennst das von Silvester. Was die Umsetzungskonsequenz betrifft, wirst du deine eigenen Erfahrungen gemacht haben.
Meine Erfahrungen sind, dass sich Menschen schon kurze Zeit später nicht mehr konkret erinnern können, was sie sich Silvester vorgenommen haben. Sie nehmen sich am 31.12. vor zehn Kilogramm abzunehmen und zwei

Wochen spätestens zwei Monate später wissen sie nur noch, dass es irgendetwas mit Gewicht war.

Was unterscheidet nun einen Wünsche und Träume von Zielen? Dazu bekommst du nun meine Neun-Punkte-Zieldefinitionsliste.

Neun-Punkte-Zieldefinition

Damit es noch schneller vorstellbar ist, werde ich an dem Beispiel „Haus" die neun Punkte darstellen.

1. Ergebnis

Was willst du konkret erreichen? *Ich will in einem großen Haus wohnen.*
Das ist kein konkretes Ziel. Es ist ein Wunsch. Was ist ein „großes Haus"? Wie viele Quadratmeter sind das für dich? Wie viel Land ist drumherum?
Ein Ergebnis ist immer messbar. Du kannst genau ermitteln/erfassen, wann du dein Ziel erreicht hast. Hausbeispiel: *Ich will in einem 250 m^2-Haus wohnen, mit zwei Schlafzimmern, drei Bädern und 2.000 m^2 Grundstück drumherum.*

Auch eine glückliche Beziehung ist nach meiner Definition eher ein Wunsch, als ein konkretes Ziel. Zwei Mal am Tag mit dem Partner lachen ist wieder messbar und entspricht eher einem konkreten nachvollziehbaren Ergebnis.
Was willst du konkret in deinen Lebensbereichen erreichen? Mach es konkret! Definiere es messbar! Nachfolgend findest du einige Beispiele. Gern darfst du diese für

dich passend machen und ergänzen.

Gesundheit

Was willst du wiegen?
Wie hoch soll dein Ruhepuls sein?
Wie viele Meter möchtest du dich täglich bewegen?

Beruf

Welchen Beitrag möchtest du leisten?
Was wird dein Vermächtnis sein?
Wie hoch ist dein monatliches Einkommen?
Wie viele Menschen beschäftigst du?

Liebe

Wie oft lacht ihr gemeinsam am Tag?
Wie oft gibt es die Augenblicke der ungestörten Zweisamkeit?
Wie viel intensive Zeit verbringst du mit deinem Partner?

Freunde/Hobbys

Wie viel Zeit verbringst du mit deinem Hobby pro Woche?
Wie oft triffst du dich mit Freunden in der Woche?

Familie

Wie viele Kinder möchtest du haben?

Wie viel Zeit verbringst du intensiv mit deinen Kindern?
Wie viel Zeit verbringst du mit deinen Familienangehörigen/Eltern?
Was ist das nächste Familienprojekt?

Jetzt nimm dir doch mal bitte einen Punkt heraus und definiere dein messbares Ziel:

Ich ....

....

....

....

2. Zeitraum oder Zeitpunkt

Wenn du weißt, was du möchtest, mach es für dich noch verbindlicher! Wann möchtest du es erreicht haben? Zu welchem Zeitpunkt oder in welchem Zeitraum hast du dein Ziel erreicht?
Beispiel Haus: *Am 31.12.2020 oder von heute an in 5 Jahren wohne ich in dem Haus.*

Wann wirst du dein eigenes im ersten Punkt gesetztes Ziel erreichen?

Ich erreiche mein Ziel am/in ....

3. Einsatz

Was bist du bereit dafür zu leisten? Damit ist nicht der Weg gemeint, sondern deine Bereitschaft der Investition. Wie viel Zeit oder Geld bist du bereit zu investieren, um dein Ziel zu erreichen? Dabei ist es im ersten Schritt noch nicht wichtig, dass du weißt, wie du an das Geld oder die Zeit kommst. In erster Linie ist die spannende Frage: Was bist du bereit zu investieren? Wenn du abnehmen möchtest, frage dich, nach der Findung deines Wunschgewichts, wie viel Zeit pro Woche du bereit bist dafür zu investieren!

Lass uns auf das Hausbeispiel zurückkommen! Mal angenommen, es ist dein Ziel in einem großen Haus zu wohnen, was bist du bereit dafür an Geld zu investieren?
Ich bin bereit für mein 300 Quadratmeter Haus 500.000 Euro zu investieren.

Zurück zu deinem eigenen Ziel! Was bist du bereit für die Erreichung in Zeit oder Geld zu leisten?

Ich ....

....

....

4. Ich-Form

Dein Unterbewusstsein ist ein unglaublich großer Helfer beim Erreichen deiner Ziele. Je größer dein Ziel ist, desto mehr brauchst du es.
Ein Beispiel für die Hilfe deines Unterbewusstseins: Kennst du die Situation, dass dir in einem Gespräch der Name einer Person nicht einfällt, über die du reden möchtest? Es liegt dir auf der Zunge, du kannst die Person sogar vom Aussehen oder dem Klang der Stimme beschreiben, doch dir will einfach nicht der Name einfallen. Du gibst auf nach dem Namen zu suchen und erzählst einfach weiter. Es muss manchmal auch ohne Namen gehen. Kennst du solch eine Situation?
Dann plötzlich ein, zwei Stunden später oder am Abend oder sogar am nächsten Tag, während du etwas völlig anderes machst, fällt dir plötzlich der Name ein. Du hast gar nicht mehr an die Person gedacht. Du brauchst auch den Namen nicht mehr und trotzdem fällt er dir ein. Kennst du das? Das ist die Macht deines Unterbewusstsein. Du hast ja schließlich einen Suchauftrag ausgelöst und es erfüllt diesen für dich. Da du im Gespräch so viel Druck machst, kann es nicht die volle Leistungsfähigkeit abrufen.
Genau diese Unterstützung vom Unterbewusstsein ist überaus hilfreich, wenn du große Ziele erreichen möchtest.

Diese Unterstützung erhältst du, wenn du deine Ziele in der Ich-Form formulierst. Denn du bist die einzige Person, die „ich“ zu dir sagt. Wie schon geschrieben, glaubst du dir alles, was du dir selbst sagst.
Bitte beginne dein Ziel deshalb mit dem Wort „ich“. Ge-

rade bei beruflichen Zielen erlebe ich immer wieder, dass Wir-Ziele formuliert werden, die dann für das Team zählen sollen. Wenn du ein Teamziel formulierst, lass bitte darüber hinaus noch von jedem Teammitglied ein individuelles Ziel formulieren! Welchen Beitrag leistet jeder Einzelne zur Erreichung des Ganzen?
Auf unser Hausbeispiel: *Ich wohne in einem 300-Quadratmeter-Haus.*

Überprüfe dein Ziele aus der Zielübung und schreibe es noch einmal auf! Beginne mit dem Wort „ich"!

....

....

....

5. Schriftlich

Bitte formuliere Ziele schriftlich! Schreibe auf! Ein aufgeschriebenes Ziel ist ein Vertrag mit dir selbst! Ein Grund, weshalb so wenig gute Vorsätze von Silvester in Erfüllung gehen, ist dass einige Zeit später sich kaum noch jemand konkret daran erinnern kann, was er wirklich wollte.

Lässt du dich ab und zu von einem Navigationsgerät beim Autofahren führen? Kennst du noch die Zeit ohne diese Gerät? Damals soll es Karten gegeben haben. Ich kann

mich noch an diese Zeit erinnern. Ich bin noch mit Karte auf dem Schoß im Straßenverkehr unterwegs gewesen. Das war bestimmt kein bisschen sicherer, als mit Handy am Ohr. Doch das ist eine andere Diskussion. Ein Fahren mit Karte hatte einen Vorteil. Wenn du das zweite Mal zu diesem Ziel wolltest, hat dich deine Erinnerung dorthin geführt. Wenn du dich von einem Navigationsgerät (kurz Navi) führen lässt, wirst du es wahrscheinlich auch beim zweiten Mal genutzt haben. Du wirst dir nicht den Weg gemerkt haben.
Wenn du dich von einem Navi führen lässt, geht dein Gehirn sofort auf Standby. Du führst Gespräche im Auto, du hörst ein spannendes Hörbuch oder du telefonierst.
Dein Navi gibt dir die Anweisungen in 500 Metern links abbiegen, in 300 Metern rechts abbiegen usw. Irgendwann bist du an deinem Ziel angekommen. Mir geht es dann häufig so, dass ich nicht weiß, wie ich dorthin gekommen bin. Ich weiß noch nicht einmal, ob die letzte Ampel rot der grün war.
Hast du das auch schon einmal so erlebt? Du kommst an und könntest jemand anderem nicht den Weg beschreiben.

Genau das passiert, wenn du ein Ziel aufschreibst. Du vereinbarst einen Vertrag mit dir selbst und gleichzeitig programmierst du dein internes Navi. Dein Unterbewusstsein wird dir Wege aufzeigen, die du vorher noch nicht einmal wahrgenommen hast. Je genauer dein internes Navi weiß, wohin du möchtest, desto besser kann es dich führen.
Wenn du dein Ziel aufschreibst und zum Abschluss dei-

ne Unterschrift darunter setzt, kannst du dies mit dem Startknopf bei deinem Navigationsgerät vergleichen. Es geht dann los und sofort ändert sich dein Denken, deine Wahrnehmung und schließlich auch dein Handeln.

Das Gleiche gilt für unser Hausbeispiel. Auch dieses Ziel gehört aufgeschrieben:

Ich wohne in einem 300-Quadratmeter-Haus.

Schreibe deine Ziele auf! Schreibe auf, was du möchtest!

....

....

....

....

Unterschrift

Ein nicht aufgeschriebenes also gedachtes Ziel ist wie Zigarettenqualm. Im Moment des Rauchens stinkt es stark. Doch wenn am nächsten Tag die Fenster geöffnet werden, nimmt die Intensität des Geruchs ab. Schreibe alles auf, was du zukünftig erreichen möchtest!

6. Positiv

Dein Unterbewusstsein versteht nur positive Sprache, jedoch nicht die Wörter „nicht“ und „kein“. Es kann mit diesen Worten nichts anfangen.

Sag, was du willst und nicht, was du nicht willst!

Stell dir vor, du sagst nachher zu Schatzi: „Das Buch vom Gereon ist echt spannend und ich bin nicht fremdgegangen." Es bleibt das Wort „fremdgegangen" im Bewusstsein hängen. Nun wirst du ein spannendes Gespräch haben. Vielleicht magst du es filmen und mir schicken? Spaß beiseite. Probiere es lieber nicht aus!

Die Menschen reden viel zu viel darüber, was nicht geht oder was sie nicht wollen. Sei anders! Rede darüber, was für dich möglich ist und was du willst! Werde dir klar, was du willst und nicht, was du nicht willst! Wenn du nur darüber redest und nachdenkst, was du nicht willst, darfst du dich nicht wundern, wenn du genau das bekommst.

Mal angenommen, du sagst einen der folgenden Sätze:

„Das ist nicht teuer."
„Wir liefern nicht zu spät."
„Das dauert nicht lange."

Woran denkt der Empfänger der Sätze?

„Das ist nicht teuer."	- teuer
„Wir liefern nicht zu spät"	- späte Lieferung
„Das dauert nicht lange."	- lange

Wenn dein Zahnarzt zu dir sagt: „Das tut jetzt nicht weh." Woran denkst du? Ich denke an Schmerzen.

Wenn das Wort „nicht" für andere nicht zählt,

weshalb sollte es dann für dein Unterbewusstsein zählen?

Werde dir klar, was du willst und beschäftige dich nicht damit, was du nicht willst.

Stell dir vor: Ich wiege nicht 80 Kilogramm.
Was passiert in deinem Unterbewusstsein?
1. Möglichkeit:
    80 Kilogramm? Na klar bekomme ich das hin.
2. Möglichkeit:
    80 Kilogramm ist nicht gut?
    90 mach ich dir passend.

Rede nicht darüber, was du nicht willst, sondern darüber was du willst!

Überprüfe dein Ziel und schreibe es positiv auf!

....

....

....

....
Unterschrift

7. Zeitform: Präsens

Um dein Unterbewusstseinwirklich für dich arbeiten zu lassen, ist eine weitere Eigenschaft des Ziels wichtig. Das ist die Zeitform. Dein Unterbewusstsein versteht nur Gegenwart - also Präsens.

Dazu ein Beispiel: Hattest du schon einmal einen Albtraum? Ich denke ja. In welcher Zeitform hattest du ihn? Oder andersherum gefragt, in welcher Zeitform träumen wir? Immer im Präsens. Richtig?

Wenn wir einen Albtraum haben, träumen wir, gerade jetzt runterzufallen oder gerade jetzt in einer misslichen Situation zu sein. Wir träumen nicht, dass wir später runterfallen. Sondern es geht immer um das Hier und Jetzt. Wenn du ein Ziel formulierst: Ich werde xy Kilogramm wiegen, checkt das dein Unterbewusstsein, fühlt sich nicht angesprochen und möchte dann geweckt werden, wenn es soweit ist.

Achte beim Setzen deiner Ziele darauf, dass sie im Präsens formuliert sind!

Unser Hausbeispiel:

nicht: Ich werde in einem 300-Quadratmeter-Haus wohnen.

sondern: Ich wohne in einem 300-Quadratmeter-Haus.

Nun zu deinem Ziel, formuliere es im Präsens und schreibe

es ruhig noch einmal auf!

....

....

....

....
Unterschrift

8. Visualisierung und Emotionalisierung

Visualisierung bedeutet, dass du Bilder vor deinem inneren Auge siehst. Du kannst dir bildlich vorstellen, was eintreten wird.

Materie folgt immer deiner Aufmerksamkeit.

Je klarer dein Ziel definiert ist, desto leichter ist es zu erreichen.

Ein super Vergleich dazu ist das Programmieren der Navigation im Auto. Je genauer du dein Ziel kennst, desto genauer führt dich dein Navi zum gewünschten Ziel. Wenn du das Land kennst, grenzt das die Suche ein. Wenn du nun auch den Ort kennst und diesen mit allen Buchstaben richtig eingibst, bist du schon mal im Stadtzentrum. Mit dem Straßennamen bist du schon nah dran. Wenn du nun auch noch die Hausnummer weißt, führt dich dein Navi direkt vor die Haustür.

Dein internes Navi ist dein Unterbewusstsein. Es ist ein Ausführungsorgan. Es führt aus, womit du es fütterst. Die Programmierung des Navi funktioniert über die Eingabe von Buchstaben. Die Programmierung deines Unterbewusstseins funktioniert mittels klaren Bildern von deinem Ziel.

Alles, was du sehen kannst, wird deine Wirklichkeit.

Es reicht nicht aus, dass du dir vorstellst, mehr zu verdienen. Viel effektiver ist die Zahl auf deinem Kontoauszug zu sehen.
Dein Unterbewusstsein lässt es ziemlich kalt, wenn du dir zum Ziel setzt in einer größeren Wohnung oder einem Haus zu wohnen. Doch ein klares deutliches Bild von deinem neuen Zuhause lässt dein Unterbewusstsein loslegen.

Es überrascht mich selbst immer wieder, wie gut es funktioniert. So visualisierte ein Teilnehmer sein Traumhaus. Er zeichnete einen Grundriss auf, wie sein Haus von außen aussehen sollte, wie die Terasse gestaltet sein soll und letztlich alles auf einem passenden Grundstück. Einige Zeit (Jahre) später unterschrieb er einen Hauskaufvertrag.
Während des Umzugs fand er diese Zeichnungen. Du kannst dir das Erstaunen vorstellen, als er feststellte, wie groß die Übereinstimmung seines gekauften Hauses mit seinen Zeichnungen war. Bis auf ein paar Kleinigkeiten passte einfach alles.

Sein Bewusstsein hatte die Zeichnung längst vergessen. Doch sein Unterbewusstsein (seine interne Navigation) führte ihn zu seinem Ziel.

1. Wenn du dir ein Ziel setzt,
visualisiere so genau wie möglich,
was du erreichen möchtest!

Schreibe auf, wie dein Ziel aussehen soll! Wenn es schwer in Worte zu fassen ist, zeichne es!

....

....

....

Ein zweiter wichtiger Punkt bei der Visualisierung bist du

selbst. Füttere dein Unterbewusstsein mit Bildern, wie du aussehen wirst, wenn du dein Ziel erreicht haben wirst!

In uns wohnt das Streben unserem Bild von uns zu entsprechen. Wenn du dich schon in der Zielerreichung sehen kannst, entsteht eine magnetische Wirkung. Du fühlst dich dazu hingezogen.
Je klarer und schärfer dein Bild ist, desto größer ist deine Umsetzungswahrscheinlichkeit.

Wenn Abnehmen dein Ziel ist, lass ein Bild von dir mit einem Bildprogramm z.B. Photoshop bearbeiten. Wenn du dich schlank sehen kannst, dann kannst du es auch erreichen. Wir glauben daran, was wir sehen. So funktioniert Zauberei. Der Zauberer lässt uns gewisse Dinge sehen. Gleichzeitig sind wir so verblüfft, weil unser Verstand sagt, dass das nicht stimmen kann, was wir gerade gesehen haben. Doch gegen unser Auge sind wir machtlos.

Je deutlicher du dich in deinem gewünschten Zielzustand sehen kannst, desto mehr Engagement setzt du daran, dass dieser Zustand eintritt.

2. Wenn du dir ein Ziel setzt,
visualisiere so genau wie möglich,
wie du bei Zielerreichung aussiehst!

Schreibe auf, wie du bei der Zielerreichung aussehen wirst!

Auch hier kannst du eine Zeichnung erstellen.

....

....

....

Der dritte Punkt der Visualisierung ist, Bilder oder einen Film entstehen zu lassen, wie die Erreichung des Ziels aussieht.

Wenn es dein Ziel ist, in einem größeren Haus zu wohnen, dann schaffe dir ein Bild, wie du z.B. das rote Band zerschneidest und dann in dein neues Haus schreitest.
Wenn es dein Ziel ist, abzunehmen, dann stelle dir z.B. vor, wie du das erste Mal Bekleidung in deiner neuen Größe kaufst. Wie wird es aussehen, wenn du dein Ziel erreichst?

3. Wenn du dir ein Ziel setzt,

visualisiere so genau wie möglich,
wie <u>die</u> Zielerreichung aussieht!

Schreibe auf, wie die Zielerreichung aussehen wird! Auch hier kannst du eine Zeichnung erstellen.

....

....

....

Emotionalisierung

Dies bedeutet, dass du **jetzt** schon das Gefühl fühlst, welches du fühlen wirst, wenn du dein Ziel erreicht hast!

Ein Bild (Visualisierung) lässt dein Unterbewusstsein anspringen und für dich loslegen. Ein Gefühl wirkt wie ein Katapult. Es schleudert dich deinem Ziel entgegen. Ein empfundenes Gefühl ist wie ein Turbo.

Mit dem Gefühl ist weniger die Vorfreude gemeint, sondern vielmehr das wirklich empfundene Gefühl, als wenn du jetzt gerade dein Ziel erreicht hättest.
Dein Unterbewusstsein wird dann alles dafür tun, dass du dein Ziel erreichst. Denn so wirst du das Gefühl wieder spüren.

Wenn es dein Ziel ist, ein schnelles Auto zu besitzen, dann miete dir so ein Auto über das Wochenende! Fahre damit durch die Gegend und spüre das Gefühl, Gas zu geben. Nach solch einer Fahrt setzt du dich wieder in dein bisheriges Auto. Was wird dein Unterbewusstsein nun tun? Es wird dich zum neuen Auto jagen.

So kam mal eine Teilnehmerin bei einem Event auf mich zu. Sie erzählte mir, dass ihr Mann schon an einer anderen Veranstaltung bei mir teilgenommen hat. Sie hatten beide den Wunsch einen Audi zu kaufen. Doch das lag noch in der Zukunft. Ihr Mann hatte meinen Vortrag zum Thema Selbstbestimmung gehört und einfach einen Audi als Überraschung über das Wochenende ausgeliehen. Sie

waren beide sofort in das Auto verliebt. Kurz darauf haben sie ihr Auto gekauft. Er hatte sie also irgendwie ausgetrickst.
Nun hatte sie bei mir gehört, was dahinter steckt. Doch da sie auch etwas von dem Auto hat, war es für sie ok.

Dein Unterbewusstsein führt aus, womit du es fütterst.

Wenn es dein Ziel ist, in einem großen Haus zu wohnen, miete dir solch ein Haus für ein bis zwei Wochen. Wohne in diesem Haus und spüre in dich hinein, wie es sich anfühlt! Nach diesem Genuss ziehst du wieder zurück in deine bisherige Wohnung. Dein Unterbewusstsein wird dir so in den Hintern treten, dass du dir dein großes Haus zulegst.

Immer wieder berichten Menschen mir, dass Ziele und Selbstbestimmung nicht funktionieren. Die Ursache dafür liegt meistens darin, dass sie den wichtigen Punkt der Gefühle weglassen. Bei den gesetzten Zielen handelt es sich meistens nur um rationale Zahlenziele. Diese sprechen das Unterbewusstsein nicht an.

Wenn jemand ein Bild visualisiert und dazu ein Gefühl spürt, handelt es sich nach meiner Defintion um eine Vision.
Ein Ziel ist eine Vision mit messbaren Eigenschaften (z.B. Zeit, konkretes Ergebnis).

Halte dir dein Ziel vor Augen! Stell dir vor, dass du es gerade jetzt erreicht hast! Fühle es! Beschreibe dein Gefühl!

....

....

....

9. Motiv

Das Wort Motiv steckt in Motivation. Was ist dein Antrieb? Was bewegt dich, dieses Ziel erreichen zu wollen? Was ist dein „Warum“?

Wenn dein Warum groß genug ist, ergibt sich immer ein Wie.

Bei diesem Punkt erkennen viele Menschen, dass das was sie denken zu wollen, häufig Dinge sind, die für andere wichtig sind. Menschen konsumieren Sachen wie Häuser, Autos, Urlaube, von Geld, welches sie nicht haben, um Menschen zu beeindrucken, die sie nicht kennen oder die ihnen gar wichtig sind.

Frage dich bei jedem Ziel, welches du dir setzt: Warum will ich das erreichen? Weshalb ist mir das wichtig?

So entstand auch dieses Gespräch zwischen mir und einer Teilnehmerin während eines Events. Sie ist in einem Strukturunternehmen tätig und hatte sich zum Ziel gesetzt, eine Karrierestufe zu erreichen. Dies bedeutete

mehr Umsatz zu tätigen und neue Mitarbeiter aufzubauen.
Ich: „Warum willst du diese Karrierestufe erreichen?"
Sie: „Weil ich das Geld brauche."
Ich: „Geld ist kein Motiv, sondern immer nur mittel zum Zweck. Wozu brauchst du das Geld?"
Sie: „Um mir meinen Wunsch zu erfüllen."
Ich: „Was ist denn dein Wunsch, der auch gleichzeitig dein Motiv ist?"
Sie erzählte ihre Geschichte: „Ich habe eine geistig und körperlich behinderte Tochter. Sie lebt in einem Pflegeheim. Doch ich wünsche mir eine andere Lebensqualität für sie."
Ich: „Wozu brauchst du konkret das zusätzliche Geld?"
Sie: „Ich möchte ein Haus bauen. Darin sollen vier Personen und die Betreuer leben. So hat meine Tochter ein besseres Leben."

Geld ist niemals ein Motiv. Es ist immer nur Mittel zum Zweck.

Da haben wir das Motiv: ein besseres Leben für die Tochter. Das Ziel ist eine Karrierestufe mit dem dazugehörigen Einkommen. Warum will sie das erreichen? Ihr Motiv ist, eine höhere Lebensqualität für ihre Tochter zu gewährleisten.

Nun haben wir dies noch emotionialisiert. Ich bat sie die Augen zu schließen. Wir reisten in Gedanken in die Zukunft. Sie sah das neue Haus vor ihren Augen. Dann sah sie einen Krankentransport ankommen. Er brachte ihre Tochter zu ihrem neuen Zuhause. Gemeinsam mit ihr durchschnitt sie das rote Band, welches vor dem Eingang gespannt war. Sie betraten zum ersten Mal gemeinsam das neue Heim. Mit geschlossenen Augen stellte sich meine Teilnehmerin genau diese Situation vor. Während sie das tat, sah ich Gänsehaut auf ihren Armen und Tränen liefen ihr über die Wangen.

Diese Frau hat von nun an eine Mission. Ihr Unterbewusstsein ist programmiert. Es geht nicht mehr um Geld, eine Karrierestufe oder eine schlechte Lebenssituation. Von nun an geht es in ihrem Leben um ein rotes Band.

Immer wieder erlebe ich Menschen, die auf mich zukommen und mich fragen, warum es mit dem ganzen „Zielesetzen" nicht klappt. Sie haben es getan und trotzdem hat sich nichts verändert. Sie haben ihre Ziele nicht erreicht.
Dieser neunte Schritt ist ein elementarer Schritt.

***Wenn du nicht weißt,
warum es dir wichtig ist,
dann ist es dir nicht wichtig.***

Menschen, die kein Motiv für ihr gesetztes Ziel haben, verlieren ihr Ziel aus den Augen. Sie lassen sich ablenken. Sie geben es bei Gegenwind auf. Sie vergessen sogar ihr Ziel.
Wichtig ist für mich noch einmal zu betonen:

Geld ist kein Motiv.

Geld ist niemals ein Motiv. Es ist immer nur Mittel zum Zweck.

Geld ist nur Mittel zum Zweck. Gerade in der heutigen Zeit verwechseln Menschen dies häufig. Wenn Geld für dich wichtig scheint, frage dich, weshalb es für dich wichtig ist. Vielleicht möchtest du dir etwas Bestimmtes davon kaufen. Eventuell verbindest du damit Sicherheit oder Freiheit? Wenn du einen bestimmten Betrag auf der hohen Kante liegen hast, kann dich so schnell nichts aus der Ruhe bringen.
Wer 250.000,- € zur Verfügung hat, ist nur mittelmäßig angespannt, wenn er seinen Arbeitsplatz verliert. Ganz anders sieht es bei Menschen aus, welche über keine Reserve verfügen und am Ende des Geldes noch Monat übrig ist.

Lass uns das an dem Hausbeispiel erörtern! Was können mögliche Motive sein, warum sich jemand zum Ziel setzt in einem Haus leben zu wollen?

- Steigerung der Lebensqualität
- Freiheit - persönliche Entfaltung
- mehr Platz für eigene Hobbys
- Ruhe und Abgeschiedenheit erleben
- jeden Abend die Musikanlage laut aufdrehen zu können
- einen eigenen Hund haben zu können

Finde dein Warum! Warum ist dir dein persönliches Ziel wichtig?

....

....

....

Das waren sie meine neun Punkte, um aus einem Wunsch/ Traum ein wirkliches Ziel werden zu lassen. Diese Punkte sind die Zacken an einem Sicherheitsschlüssel. Wenn du den Schlüssel in das passende Schloss steckst und drehst, wird sich sich die Tür öffnen. Wenn du einen Zacken abfeilst, wirst du den Schlüssel immer noch in das passende Schloss stecken können. Er wird sich allerdings nicht mehr drehen und die Tür sich nicht mehr öffnen lassen. Im Groben betrachtet ist es immer noch der gleiche Schlüssel. Doch wenn nur ein Zacken fehlt, ist er ziemlich nutzlos.
Genau so verhält es sich mit den neun Punkten der Zielsetzung. Sofern du nur einen Punkt weglässt, ist die Erfüllung dieses Ziels in weite Ferne gerückt.
Lebe selbstbestimmt und setze dir Ziele! Denke immer daran!

Du lebst und arbeitest immer für Ziele,
entweder für eigene oder die eines anderen.

Nutze das nun Gelernte und setze dir Ziele in all deinen

Lebensbereichen! Tu dies, bevor du weiterliest! Es geht bei diesem Buch nicht darum, den Inhalt aufzusaugen. Es geht in deinem Leben darum, ins Handeln zu kommen. Wenn du nicht in diesem Augenblick deine Ziele bestimmen möchtest, dann lege zumindest jetzt einen Zeitpunkt fest, wann du den Grundstein für dein selbstbestimmtes Leben legst! Wann wirst du in dich investieren und deine Ziele in deinen fünf bis sechs Lebensbereichen setzen?

Jetzt oder am ....

Ziele und deine Gedanken

Deine Gedanken erschaffen deine Materie. Große Erfindungen haben ihren Ursprung im Kopf des Erfinders. Ob es das Licht ist, das Smartphone, das Auto, das Flugzeug, der Fernseher, Fotoapparate usw. Ich kann die Liste ganz lang fortsetzen. Alles began mit einer Idee.

Schaffe die Idee bzw. dein Ziel und sofort ändert sich dein Denken. Glaubst du nicht?! Falls du Kinder hast erinnere dich zurück! Falls du keine Kinder hast, frage bitte Menschen, die Kinder haben! In dem Augenblick, in dem ein Paar erfährt, dass sie werdende Eltern sind, verändert sich das Denken und die Wahrnehmung komplett. Sie bekommen die Nachricht in der Regel mit einem prognostizierten Geburtstermin. Was passiert? Diese Menschen sehen andere werdende Eltern, Kinderwagen und kleine spielende Kinder.
Als ich mit dem Rennradfahren anfing, entdeckte ich mit

einem Mal Radwege, wo vorher für mich nur Äcker und Wälder waren. Wie sinnbildlich, oder? Ich sah Wege, wo vorher nur ein für mich nutzloser Acker war.

So wie eine Lupe die Sonnenstrahlen bündelt und die Energie auf einen Punkt bringt, bündelt ein Ziel deine Gedanken auf einen Punkt und deine Energie wird freigesetzt.

Es gibt einige wichtige Tage im Leben. Einer dieser Tage ist deine Geburt – der Start deines Lebens. Ein anderer bedeutender Tag ist, wenn du deinem Leben eine Bestimmung gibst.

Ja, ich weiß Ziele setzen ist anstrengend und kostet Zeit. Doch was kostet es, wenn du es nicht tust? Richtig dein Leben. Also los! Setze dir Ziele! Führe ein selbstbestimmtes Leben!

Wenn du dir Unterstützung für dein Handeln wünscht, dann erhältst du diese in dem ergänzenden Hörbuch „Selbstbestimmung - mentale Übungen und Meditationen“. Auf diesem Hörbuch befinden sich mehrere Titel, die allesamt dein Unterbewusstsein aktivieren. Ziel ist es, dass du ein selbstbestimmtes Leben lebst.

Du kannst dieses Hörbuch auf verschiedenen Wegen erhalten.
Du kannst es beim **Buchhändler** deiner Wahl mit der ISBN Nummer

978-3-946765-08-0

erhalten.

Du kannst es **in unserem Onlineshop** bestellen. Gib dazu in deinem Browser den Link ein:

www.bit.ly/selbstbestimmung-hoerbuch

ein!

Du kannst auch den QR-Code nutzen. Er bringt dich in unseren Onlineshop. Scanne einfach mit deinem Smartphone

Du kannst es **auch bei Amazon** bestellen. Gib dazu in deinem Browser den Link

www.bit.ly/selbstbestimmung-hoerbuch-amazon

ein!

Dafür kannst du auch den QR-Code nutzen. Er bringt dich direkt zur Amazonbestellseite. Scanne einfach mit deinem Smartphone

Hörprobe: Hier kannst du reinhörenund einen ersten Eindruck gewinnen.

www.bit.ly/selbstbestimmung-hoerprobe-youtube

Selbstbild

Lass uns mit einer Übung starten! Bitte schreibe dein Selbstbild auf! Welches Bild hast du von dir selbst? Kurze Stichpunkte reichen völlig.

....

....

....

....

....

....

....

Nun betrachte einmal das von dir Aufgeschriebene. Wie viele der Wörter haben mit dir als Mensch zu tun?
Streiche alles weg, was mit deinem Beruf zu hat! Wenn du z.B. aufgeschrieben hast: „Ich bin Verkäufer/Unternehmer/Taxifahrer“ oder etwas wie „Ich arbeite im Büro“ oder auch „Ich bin Rentner“.

Streiche alles weg, was mit deiner Familie zu tun hat! Wenn du z.B. aufgeschrieben hast „Ich bin Mutter/Vater/Ehefrau/-mann.“

Dein Selbstbild hat nur mit dir selbst zu tun. Es geht nur um dich als Mensch.

Identifikation

Sehr häufig identifizieren sich Menschen über ihre Aufgaben, Berufe, Positionen, Rollen oder Familiensituationen. Zwei große Gefahren lauern darin.
1. Bei einer Identifikation z.B. über den Beruf (Unternehmer) verliert sich der Mensch. Wer ist der Mensch neben seinem Beruf?
2. Bei Verlust des Berufs verliert sich die gesamte Identifikation. Meistens stürzen diese Menschen in ein großes Loch, da sie so mit ihrer Rolle verbunden sind. Jobverlust = Identitätsverlust.

Dazu ein reales Beispiel: Ein Mann hat sich ein Unternehmen aufgebaut. Er beschäftigt 15 Mitarbeiter. Er steht kurz vor seinem 60 Lebensjahr. Er möchte nicht mehr

Unternehmer sein. Dieser hat bereits seinen Ausstieg geplant. Er empfindet keine Freude daran, weiterhin seine Position einzunehmen. Kurz vor der finalen Übergabe an seinen Nachfolger macht er einen Rückzieher. Er kann nicht mehr schlafen. Er ist rastlos. Es beschäftigt ihn eine Frage: Wer bin ich dann und was mache ich nach der Übergabe?
Er ist so stark mit seiner Rolle als Unternehmer verwoben, dass er sich nicht einmal vorstellen kann, etwas anderes zu tun.
Er empfindet keinen Spaß an seinem Alltag und seinem Leben. Seine Art zu leben hat ihn sogar schon einen Teil seiner Gesundheit gekostet. Doch er kann nicht loslassen, da ja dann seine Identifikation verloren gehen würde.
Mir blutet das Herz, wenn ich mit solchen Menschen zusammenarbeite.

Was macht dich aus? Du bist eine einzigartige Sammlung von Fähigkeiten und Fertigkeiten. Du bist weit mehr als dein Beruf. Du bist nicht dein Beruf.

Du bist in erster Linie ein Mensch. Welches Bild hast du von dir?

Menschen handeln immer so, dass sie ihrem Selbstbild entsprechen. Das Selbstbild ist das Bild, welches wir von uns selbst haben.

Dein Selbstbild hat nur mit dir selbst zu tun. Identifiziere dich nicht über Dinge, die du tust oder Positionen, die du besetzt. Sonst wärst du auch ein Frühstücker oder Zähneputzer oder Klositzer.

Ein positives Selbstbild bedeutet, in sich zu ruhen. Ein Mensch, der diesen Zustand hat, kann seinen Job verlieren, doch es wird ihn nicht in eine Sinnkrise herunterziehen.

Selbstbild als Ursache

Ein Selbstbild führt dich. Egal, ob es positiv oder negativ ist. Dein Handeln in all deinen Lebensbereichen lässt sich häufig auf dein Selbstbild zurückführen. Du entwickelst dich in deinen Möglichkeiten, die du dir selbst erlaubst.

Deshalb ist es so wichtig, welches Bild du von dir hast. Du kannst dich mit deinem Selbstbild einschränken, dich zu Höchstleistungen bringen, deine Gesundheit bestimmen, deine Rolle in der Partnerschaft vorgeben oder oder oder

Den Stellenwert von Selbstbildern kannst du bei kleinen Kindern beobachten. Sie können beim Spielen innerhalb kürzester Zeit ein künstliches Selbstbild aufbauen. Dann sind sie Cowboys, Astronauten, Feuerwehrmänner, Prinzessinnen oder Mutter, Vater, Kind.

Sie begeben sich in eine Rolle und verhalten sich so, wie sich, aus ihrer Sicht, die Person in dieser Rolle verhalten würde. Genau diese Auswirkung hat dein Selbstbild auf dich. Dabei spielt es keine Rolle, ob du dir dein Bild von dir

bewusst oder unbewusst ausgesucht hast.
Als Andre Agassi das Wimbledon Tennisturnier gewann, wurde er gefragt, ob er denn nervös und aufgeregt war, als ihm bewusst wurde, dass er bald den größten Triumph in seiner Karriere erringen würde. Seine Antwort soll in etwa so gelautet haben: Ich habe mich über 1.000 Mal mit dem Pokal in der Hand gesehen. Die Gedanken daran waren bereits normal, deshalb konnte ich mich auf mein Spiel konzentrieren.

Selbstbild als Grundlage

Selbstliebe

Dein Selbstbild ist auch die Grundlage für deine Selbstliebe. Sofern du ein negatives Selbstbild hast (z.B. Ich bin ein Idiot/Verlierer/nicht in der Lage mein Leben selbstständig zu leben), wird es dir kaum möglich sein dich selbst zu lieben.
Wie soll es möglich sein, sich selbst total negativ zu sehen und gleichzeitig bedingungslos zu lieben?
Wenn Selbstliebe ein Baum ist, ist das Selbstbild die Wurzel.
Mir ist noch nie ein Mensch begegnet, der sich bedingungslos liebt und gleichzeitig ein negatives Selbstbild hat. Andersherum bedeutet es allerdings nicht, dass jeder Mensch mit einem positiven Selbstbild sich auch bedingungslos liebt. Doch für diese Selbstliebe ist ein positives Selbstbild die Grundlage.

Ausstrahlung/Charisma

Deine Ausstrahlung und dein Charisma hängen ganz stark von deinem Selbstbild ab. Sie sind Gegenspieler. Was du über dich selbst glaubst, so wie du dich selbst siehst, bestimmt wie du mit anderen umgehst. Dies hat eine Auswirkung darauf, wie diese mit dir umgehen.

Wenn dein Charisma eine Lampe ist, dann ist dein Selbstbild eine Batterie. Von dieser ist die Helligkeit und Leuchtdauer der Lampe abhängig. Dein Charisma ist nur eine Auswirkung. Die Ursache ist dein Selbstbild.

Dazu mal ein persönliches Beispiel von mir früher. Wir trafen uns mit Freunden bevor es zu den Partys abends ging. Es war die Zeit des Spaßes und es ging damals weniger darum die Frau fürs Leben zu finden. Einer meiner damaligen Kumpel machte sich dann im Bad fertig. Währenddessen baute er sich immer sein Selbstbild auf. Er sprach für uns alle hörbar im Bad seine Botschaften. Diese lauteten in etwa so:

- Ich bin begehrenswert.
- Ich gewinne die Herzen der schönsten Frauen.
- Ich verschwinde heute mit einer tollen Frau von der Party.

Ich verzichte mal auf die noch eindeutigeren Botschaften. Er hatte von sich das Selbstbild eines Aufreißers und Herzensbrechers. Na was glaubst du, wie seine Abende liefen?

Hier noch einmal zwei andere Beispiele:

1. Stell dir vor jemand hat das Selbstbild, dass er kein guter Redner ist. Diese Person soll nun vor anderen Menschen eine Ansprache halten.
2. Oder stell dir vor, dass jemand das Selbstbild hat, dass er unbedeutend ist und andere Menschen diesen nur schädigen wollen. Jetzt betritt diese einen Raum mit lauter fremden Menschen.

Was wird in diesen beiden Situationen geschehen?
Dein Selbstbild ist die Grundlage für deine Ausstrahlung.

Entscheidungen

Es wird dich überraschen bei wievielen Entscheidungen dein Selbstbild eine tragende Rolle gespielt hat.

Stell dir dazu einmal vor, dass jemand von sich das Bild hat, ein Verlierer und Versager zu sein.
Nun bekommt diese Person ein Angebot für einen neuen tollen Arbeitsplatz mit mehr Verantwortung oder in ein Unternehmen als Gesellschafter einzusteigen. Wie wird diese Person entscheiden?

Kannst du dich noch an das Schema aus dem Kapitel Grundlagen erinnern?

Dein Selbstbild ist eine Art Filter für deine Entscheidungen.
Wie willst du mit einem negativen Selbstbild für deine Zukunft gute Entscheidungen treffen?

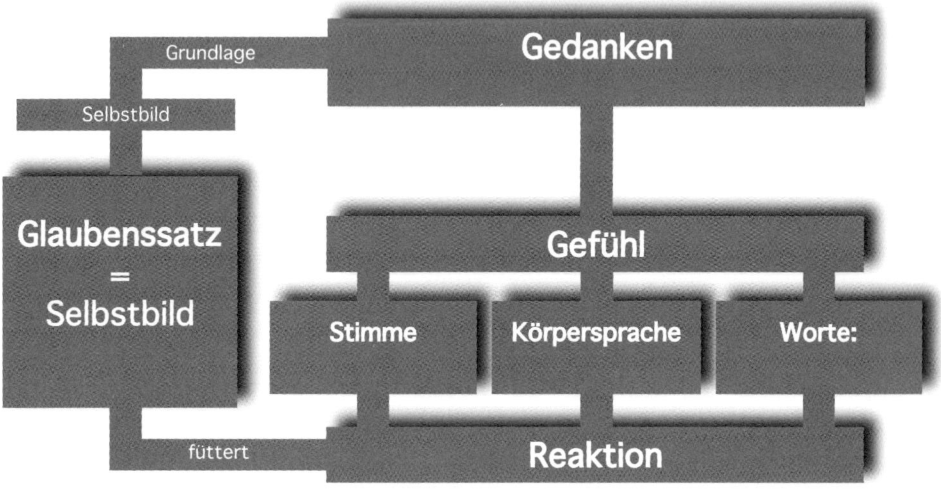

Wir sind die Summe unserer Erfahrungen und Entscheidungen. Wenn du ein anderes Leben leben möchtest (liebevollere Beziehung, mehr Vitalität und Gesundheit, mehr Geld auf dem Konto, andere Beziehungen zu Menschen, höhere Lebensqualität usw.), triff andere Entscheidungen. Doch wenn dein Selbstbild negativ ist, wird das kaum möglich sein.

Dein Selbstbild beeinflusst deine Entscheidungen.

Deine Entscheidungen beeinflussen dein Leben.

Wenn du dein Leben ändern möchtest, ändere dein Selbstbild.

Wahrnehmung

Selbst für deine Wahrnehmung deines Umfeldes und all der für dich gedachten Informationen ist dein Selbstbild die Grundlage. Es wirkt wie eine Art Filter.

Dazu ein Beispiel: Ein Person hat das Selbstbild, nicht

attraktiv und anziehend für andere Menschen zu sein. Diese Person nun angeflirtet. Wie wird diese Person reagieren? Richtig, meistens gar nicht. Hier ein kurzer Test dazu. Lies den folgenden Satz bitte rasch durch:

Bernd Meier hat ein
ein großes Bauunternehmen.

Hast du es richtig gelesen und den Fehler entdeckt oder hat dein Unterbewusstsein sofort reagiert und den Satz so verändert, dass er für dich wieder richtig ist?
Es ist zwei Mal das Wort „ein“ enthalten. Bernd Meier hat ein ein großes Bauunternehmen. Die meisten Menschen überlesen in meinen Seminaren das zweite ein.

Zurück zur angeflirteten Person. Sie wird die Signale noch nicht einmal wahrnehmen, da diese ausgeblendet werden. Falls sie doch wahrgenommen werden, werden sie nicht richtig gedeutet und/oder für wahr genommen.
Dinge die für uns nicht richtig erscheinen, blenden wir

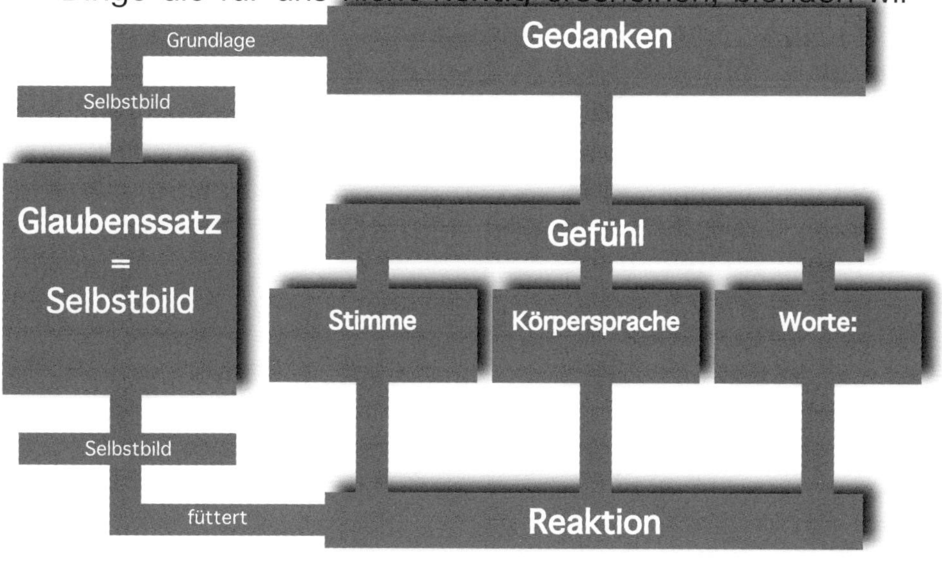

aus.
Unser Selbstbild ist eine Art Informationsfilter. Wenn unser Selbstbild positiv ist, lässt es mehr positive Informationen in unser Bewusstsein. Genauso funktioniert es natürlich andersherum. Wenn unser Selbstbild negativ ist, lässt es mehr negative Informationen durch und die positiven werden ausgeblendet.

Selbstbild und Emotionen

Selbstbilder rufen Gefühle hervor. Ein positives Selbstbild bewirkt, dass du dich gut fühlst. Genauso funktioniert es eben auch andersherum. Ein negatives Selbstbild lässt dich schlecht fühlen.

Erinnere dich bitte an die anfänglich Reaktionsfolge!

Dein Selbstbild bestimmt, wie du dich fühlst. Durch deine Gefühle beeinflusst du dein Umfeld. Durch dein Umfeld gestaltest du deine Welt.

Je positiver dein Selbstbild ist, desto positiver sind deine Gefühle. Gleiches gilt auch andersherum. Siehst du dich als Gewinner oder Verlierer? Siehst du dich als gesunden oder als einen schwächelnden kranken Menschen?

Dein Selbstbild kann dich unterstützen oder dich limitieren. Das sucht sich das Selbstbild nicht aus. Du bist derjenige, der sich das bewusst oder unbewusst Selbstbild aussucht.

Dein Unterbewusstsein entscheidet sich nicht für einen Weg. Du gibst diesen Weg vor.

Es ist vergleichbar mit dem Trinken. Dein Körper reagiert auf die Flüssigkeiten, die du in deinen Körper hineinschüttest. Kippst du Wasser hinein, hat dies eine andere Auswirkung, als wenn du die ganze Zeit Wodka hineinschüttest. Dein Körper sucht sich die Reaktion nicht aus. Er reagiert nur darauf, womit du ihn fütterst. Genauso ist es mit deinem Selbstbild. Dein Unterbewusstsein reagiert nur auf die Bilder, die du für dich aufbaust.

Hier einige Beispiele von schadenen Selbstbildern in den verschiedensten Lebensbereichen:

Gesundheit:

- Bei uns in der Familie sind alle übergewichtig
- In meiner Ahnenlinie gab es schon häufig Krebs
- Allergien liegen in meinen Genen
- Schon meine Mutter/mein Vater hatte ...
- Ich brauche Essen nur anschauen und werde dick.

Freunde/Hobbys:

- Ich werde immer wieder ausgenutzt.
- Ich bin unsportlich.

Beruf:

- Ich brauche gar nicht erst an das Gymnasium/Studium denken, dass hat in unserer Familie noch niemand geschafft.

- Ich bin vergesslich.
- Ich bin eine Arbeitsbiene und habe nicht das Zeug zu einer Karriere.
- Ich bin zu alt/zu jung um mich zu verwirklichen.

Liebe:
- Ich werde letztlich immer nur ausgenutzt.
- Mir wird immer wieder das Herz gebrochen.
- Wahre Liebe bleibt mir vorenthalten.
- Ich bin zu verkorkst, um geliebt zu werden.
- Meine Beziehungen gehen maximal 2 Jahre.

Familie:
- Ich bin ein/e schlechte/r Mutter/Vater.
- Ich bin nicht in der Lage meine Kinder zu erziehen.

All diese Punkte haben eines gemeinsam. Sie ziehen negative Gefühle und damit negative Resultate nach sich.
Jeder Mensch hat ein Selbstbild von sich. In den meisten Fällen ist dies nicht bewusst greifbar. Doch es ist vorhanden.
Menschen mit einem negativen Selbstbild sind leicht zu manipulieren.

Mit einem negativen Selbstbild ist ein erfülltes und befreites Leben unmöglich.

Dabei muss das Selbstbild nicht immer der derzeitigen Realität entsprechen.
Wenn du dich nackt vor den Spiegel stellst und dich

anschaust, siehst du dein Spiegelbild, doch nicht dein Selbstbild. Erst die Bewertung des Spiegelbildes lässt dein momentanes Selbstbild entstehen. Du siehst erst einmal nur Haut, Haare und irgendwelche Körperteile. Doch dann startet die Bewertung. Diese ist ein Teil deines Selbstbildes. Es beschreibt dein Äußeres. Doch dein komplettes Selbstbild ist viel mehr. Es beschreibt den Menschen, der du bist.

Doch du kannst dir auch ein Selbstbild aufbauen, welches in der Zukunft liegt. Erstrebenswert ist ein Selbstbild in der idealen Version von dir.

Du bist nur du, wenn du wirklich weißt, wer du bist. Ansonsten versuchst du nur irgendwelchen Erwartungen zu entsprechen.

Entstehung Selbstbild

Das erste Selbstbild entsteht, na wer hätte es anders gedacht, im Alter zwischen 0 und 7 Jahren. Die Eltern reden dem Kind bewusst oder unbewusst ein Selbstbild ein. Es ist somit weniger ein Selbst- sondern eher ein Fremd-Selbstbild.
Gerade bis zum vierten Lebensjahr glauben Kinder alles, was die Eltern sagen. Sie können nicht zwischen Ironie/Sarkasmus und der Wahrheit unterscheiden. Alles ist wahr. Deswegen verstehen Kinder in diesem Alter auch kaum Witze.
Wie eine CD gebrannt wird, so werden Kinder bespielt. Es

wird alles eingebrannt.
In der Schule wird dann schon häufig mit dem Selbstbild abgeglichen. Nur selten entsteht hier ein neues. Teilweise bleibt dieses Fremd-Selbstbild bis zum Tod bestehen.
Doch natürlich brechen auch Menschen aus und bauen sich später mit mehr Bewusstsein und dem Nichtakzeptierenwollen von Limitierungen ein eigenes Selbstbild auf. Erinnerst du dich an den Spruch?

Menschen brauchen vierzig Jahre, um über die ersten sechs hinwegzukommen.

Häufig erlebe ich es, dass bei meinen Teilnehmern das Selbstbild so tief unterbewusst sitzt, dass diese gar nicht an dieses herankommen. Auf die Bitte, schreibe dein Selbstbild auf, kommt meist nur ein Achselzucken und das Gefühl der Überforderung.

Unser Selbstbild ist häufig im Außen entstanden. Doch wer bist du wirklich? Wer bist du?

Wir wollen immer unserem Selbstbild entsprechen. Ob uns dieses nun bewusst ist oder nicht. Deshalb ist es wichtig, dass du dir bewusst ein positives Selbstbild erschaffst, denn alles, was dir bewusst ist, kontrollierst du. Alles, was dir nicht bewusst ist, kontrolliert dich.

Dein Auftrag

Dein Selbstbild beeinflusst dein Denken, Fühlen und Handeln. Leg los und erschaffe dir dein positives Selbstbild! Alles ist erlaubt. Wer möchtest Du sein? Achte darauf, dass es wirklich nur mit dir selbst zu tun hat und nicht mit deinem Außen! Leg los und schreibe einfach los! Beginne mit den Worten:

Ich bin ...

Wenn du weitere Unterstützung wünscht, dir dein gewünschtes Selbstbild zu erschaffen, ist das ergänzende Hörbuch „Selbstbild - mentale Übungen und Meditationen" genau richtig für dich.

Du kannst dieses Hörbuch auf verschiedenen Wegen erhalten.
Du kannst es beim **Buchhändler** deiner Wahl mit der ISBN Nummer

978-3-946765-09-7

erhalten.

Du kannst es **in unserem Onlineshop** bestellen. Gib dazu

in deinem Browser den Link ein:

www.bit.ly/selbstbild-hoerbuch

ein!

Du kannst auch den QR-Code nutzen. Er bringt dich auch in unseren Onlineshop. Scanne einfach mit deinem Smartphone

Du kannst es **auch bei Amazon** bestellen. Gib dazu in deinem Browser den Link

www.bit.ly/selbstbild-hoerbuch-amazon

ein!

Dafür kannst du auch den QR-Code nutzen. Er bringt dich direkt zu Amazonbestellseite. Scanne einfach mit deinem Smartphone

Hörprobe: Hier kannst du reinhören und einen ersten Eindruck gewinnen.

www.bit.ly/selbstbild-hoerprobe-youtube

Ergänzende mentale Übungsprogramme auf CD

Selbstbestimmung
mentale Übungen und Meditationen
ergänzendes Hörbuch zum Buch
„Ein Weg zu dir selbst“
ISBN: 978-3-946765-08-0

16,90 €

Die große Frage: Was will ich? Dieses Hörbuch gibt dir wertvolle Impulse, darauf Antworten in dir zu finden. Es sind mentale Übungen für zwischendurch, für eine längere Pause und zum Einschlafen auf diesem Hörbuch.

Selbstbild
mentale Übungen und Meditationen
ergänzendes Hörbuch zum Buch
„Ein Weg zu dir selbst“
ISBN: 978-3-946765-09-7

16,90 €

Häufig wird das Selbstbild durch unser Außen geschaffen. Mit diesem Hörbuch erhältst du Impulse, die Antwort auf die Frage „Wer bin ich?“ zu finden. Es sind mentale Übungen für zwischendurch, für eine längere Pause und zum Einschlafen auf diesem Hörbuch.

Ergänzende mentale Übungsprogramme auf CD

Selbstliebe
mentale Übungen und Meditationen
ergänzendes Hörbuch zum Buch
„Ein Weg zu dir selbst“
ISBN: 978-3-946765-06-6

16,90 €

Du erhältst Impulse zum Wecken deiner Selbstliebe. Es sind mentale Übungen für zwischendurch, für eine längere Pause und zum Einschlafen auf diesem Hörbuch.

Selbstwert
mentale Übungen und Meditationen
ergänzendes Hörbuch zum Buch
„Ein Weg zu dir selbst“
ISBN: 978-3-946765-07-3

16,90 €

Du erhältst Impulse zum Wecken deiner Selbstliebe. Es sind mentale Übungen wie z. B. Kontaktaufnahme zu deinem Schutzpatron, Dialoge mit deinem Schutzpatron, Meditationen für zwischendurch, für eine längere Pause und zum Einschlafen auf diesem Hörbuch.

Ergänzende mentale Übungsprogramme im CD-Bundle

Dies sind alle vier Hörbucher zum Vorteilspreis von ... Euro statt 67,60 Euro.

Mentale Übungen und geführte Meditationen in den Bereichen Selbstliebe, Selbstbild, Selbstbestimmung und Selbstwert. Bestellbar
im **Buchhandel** ISBN 978-3-946765-10-3
in **unserem Onlineshop** www.bit.ly/innere-staerke-box
bei **Amazon** www.bit.ly/selbst-cd-bundle-amazon

Das große „Ein Weg zu dir selbst"-Paket

Ein Weg zu dir selbst
Buch

exklusives
Bonus-Hörbuch
Dankbarkeit &
Loslassen

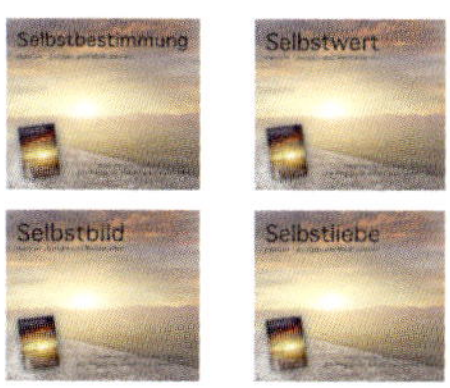

mentale Übungen
Selbstbestimmung
Selbstliebe
Selbstwert
Selbstbild

und weitere
Überraschungen

Mentale Übungen und geführte Meditationen in den Bereichen Selbstliebe, Selbstbild, Selbstbestimmung und Selbstwert. Bestellbar
im **Buchhandel** ISBN 978-3-946765-11-0
in **unserem Shop** www.bit.ly/paket-ein-weg-zu-dir-selbst
bei **Amazon** www.bit.ly/paket-ein-weg-zu-dir-selbst-amazon

Weitere Medien des Wissensbringer Verlages

Achte auf´s Gedachte!
Buch mit 216 Seiten

ISBN: 978-3-9816114-5-8

14,90 €

Das Buch für Lesemuffel - ein Impuls pro Seite. Diese Buch ist wirklich kurzweilig, unterhaltsam und ganz nebenbei lehrreich.
Themen in diesem Buch sind: Charakterkunde, Glück, Kommunikation, Ziele.

Glückstagebuch
Buch mit 410 Seiten

ISBN: 978-3-9816114-4-1

14,90 €

Es ist ein Buch über einen Arbeitselefanten, welcher sich aus seiner Lage befreit und ein glückliches Leben lebt. Gleichzeitig kann der Leser die Tagebuchfunktion nutzen und drei Monate jeden Tag positive Eindrücke festhalten. Das Denken wird nachhaltig beeinflusst.

Inspiration Day 2.0
Live Hörbuch des Events
fünf CDs 291 Minuten
ISBN: 978-3-946765-04-2

24,90 €

Ein ganzer Seminartag als Hörbuch. Fast 6 Stunden erlebst du Gereon Jörn während des Seminartages Inspiration Day 2.0. Themen sind: Selbstliebe, Selbstwert, Selbstbestimmung und Selbstbild.

Glückseligkeit
Live Hörbuch Vortrag von Aileen und Gereon Jörn
ISBN: 978-3-946765-00-4

9,90 €

Aileen und Gereon Jörn sind gemeinsam auf der Bühne. Das gab es nur zwei Mal. Einer dieser beiden Vorträge wurde aufgezeichnet. Erlebe die Mischung aus Inspiration und Herzlichkeit!

Über den Autor

Gereon Jörn wurde am 21.09.1977 in Wismar geboren. Dort ist er auch gemeinsam mit seiner fünf Jahre jüngeren Schwester aufgewachsen. Heute lebt er mit seiner Frau in der 30.000 Einwohnerstadt Güstrow bei Rostock. Die beiden haben eine Hündin, welche auch bei den Events dabei ist. Zu seinen Hobbys zählen Golfen und der Triathlonsport.

Seine ersten beruflichen Stationen sind im Verkauf zu finden. Durch seine Erfolge wurde er schnell zum Verkaufsleiter und schließlich zum Unternehmer.

2007 entschied er sich seine Leidenschaft zum Beruf zu machen. Er wurde erst Trainer, dann Speaker und letztlich Autor. Er schrieb unter anderem die Bestseller „Achte auf´s Gedachte!" und „Verkaufen beginnt beim Nein".

Durch seine Fähigkeit komplexe Zusammenhänge einfach, verständlich und unterhaltsam darzustellen, ist er ein beliebter Gast in vielen Unternehmen und auf vielen Veranstaltungen. Dabei wurde er mehrfach ausgezeichnet. In 2017 wurde er unter die Top 50 der einflussreichsten Trainer von ca. 60.000 aus Deutschland und Österreich gewählt.

In den ersten Jahren seiner Tätigkeit in der Weiterbildungsbranche fokussierte er sich auf die Themen Charakterkunde und Menschlichkeit. Bereits in 2016 gab er sein Debüt mit den ersten Vorträgen über die Themen Selbstwertgefühl und Selbstbestimmung.

Gereon Jörn hat mehrere berufliche Visionen, in denen er die Gesellschaft nachhaltig beeinflussen möchte.

Platz für Notizen